ŒUVRES COMPLÈTES
D'ÉDOUARD OURLIAC

CONTES DU BOCAGE

CHEZ LES MÊMES ÉDITEURS

ŒUVRES COMPLÈTES
D'ÉDOUARD OURLIAC

Format grand in-18

Les Confessions de Nazarille...	1 vol.
Contes du Bocage...	1 —
Les Contes de la Famille...	1 —
Contes sceptiques et philosophiques...................................	1 —
Fantaisies...	1 —
La Marquise de Montmirail..	1 —
Nouveaux Contes du Bocage...	1 —
Nouvelles..	1 —
Les Portraits de Famille..	1 —
Proverbes et Scènes bourgeoises.......................................	1 —
Suzanne...	1 —
Théâtre du seigneur Croquignole.......................................	1 —

Les autres ouvrages paraîtront successivement.

Clichy. — Imprimerie Maurice Loignon et Cie, rue du Bac-d'Asnières, 12.

CONTES
DU BOCAGE

PRÉCÉDÉS

D'UN TABLEAU HISTORIQUE DES PREMIÈRES GUERRES DE LA VENDÉE

PAR

ÉDOUARD OURLIAC

NOUVELLE ÉDITION

PARIS
MICHEL LÉVY FRÈRES, ÉDITEURS
RUE VIVIENNE, 2 BIS, ET BOULEVARD DES ITALIENS, 15
A LA LIBRAIRIE NOUVELLE

1870

Droits de reproduction et de traduction réservés

INTRODUCTION

Malgré les ouvrages nombreux qu'on a publiés sur les guerres civiles de la Vendée, ce sujet est encore assez mal connu ; on avait à craindre que les matières de ce volume ne fissent désirer à certains lecteurs des explications plus étendues. C'était plus qu'il n'en fallait pour justifier une préface. Nous avons saisi cette occasion de reproduire un morceau qui peut convenir à ce recueil en manière d'introduction. C'est un tableau rapide de la grande insurrection vendéenne. Les personnes déjà instruites n'ont qu'à passer outre, il n'est pas besoin de les en avertir. D'autres nous sauront gré peut-être de leur dérouler la trame historique où sont brodés, pour ainsi dire, les événements particuliers de ce livre, et de donner, tout en essayant de les éclaircir, quelques renseignements utiles sur cette époque prodigieuse qui les vit naître.

Nous emprunterons d'abord, sur l'état de la Vendée avant la révolution, le témoignage d'un historien qui ne paraîtra pas suspect en un tel sujet.

« La Vendée, dit M. Thiers, était la partie de la France où le temps avait le moins fait sentir son influence et le moins altéré les anciennes mœurs. Le régime féodal s'y était empreint d'un caractère tout patriarcal, et la révolution, loin de produire une réforme utile dans ce pays, y avait blessé les plus douces habitudes et y fut reçue comme une persécution.....

» Les seuls produits abondants dans ce pays sont les pâturages et par conséquent les bestiaux. Les paysans y cultivaient seulement la quantité de blé nécessaire à leur consommation, et se servaient du produit de leurs troupeaux comme moyen d'échange. On sait que rien n'est plus simple que les populations vivant de ce genre d'industrie... Les terres étaient divisées en une multitude de petites métairies de cinq à six cents francs de revenu, confiées chacune à une seule famille, qui partageait avec le maître de la terre le produit de leurs bestiaux. Par cette division du fermage, les seigneurs avaient à traiter avec chaque famille, et entretenaient avec toutes des rapports continuels et faciles. La vie la plus simple régnait dans les châteaux : on s'y livrait à la chasse à cause de l'abondance du gibier ; les seigneurs et les paysans la faisaient en commun, et tous étaient célèbres par leur adresse et par leur vigueur. Les prêtres, d'une grande pureté de mœurs, exerçaient un ministère tout paternel ; la richesse n'avait ni corrompu leur caractère, ni provoqué la critique sur leur compte. On subissait l'autorité du seigneur, on croyait la parole du curé parce qu'il n'y avait ni oppression ni scandale. »

Rappelons maintenant comment cet humble paysan devint un soldat héroïque. Remettons dans toute leur gloire ces héros inconnus, et leurs exploits oubliés durant trente ans dans le fracas des chants de victoire. Mettons la main sur ce grand cœur épuisé de la vieille France, réveillons-y la dernière image de sa grandeur durant quatorze siècles, et assurons-nous que ces souvenirs, tant de fois invoqués en vain, ne peuvent plus lui arracher un seul battement.

La révolution éclate. On sait ce qu'il fallut de machinations ténébreuses, d'odieuses missions pour égarer le peuple des provinces. Les Vendéens ne se laissèrent pas séduire un moment par ces remises des dîmes, des terrages, des lods et ventes, qui, sous couleur de réforme, attentaient aux fondements de la constitution. Ils ne savaient autre chose là-dessus, sinon que c'était le bien d'autrui, et disaient déjà que *ce désordre ne conduirait à rien de bon.* On leur dépêche deux apôtres de la commune de Paris, Gallois et Gensonné, débitant le sophisme et l'invective dans le pathos hypocrite de ce temps-là. On faillit les assommer. On ordonne d'enlever des églises les bancs seigneuriaux, l'ordre n'est point exécuté ; on décrète la formation des gardes nationales, les paysans en font leurs seigneurs commandants. La persécution contre le clergé accroît le désordre. Les prêtres assermentés sont repoussés, les vieux curés disent la messe en pleins champs au milieu de leurs paysans qui les gardent le chapelet d'une main, le fusil de l'autre. On se croit transporté, dit M. de Bournisseaux, aux premiers siècles de l'Église, dans ces catacombes où les anciens chrétiens célébraient leurs mystères augustes, à la veille de confesser leur foi devant les tyrans, et de souffrir le martyre dans le Cirque. Çà et là s'émeuvent des séditions partielles aussitôt réprimées. Un homme du bas Poitou se battit longtemps contre les gendarmes avec une fourche, et reçut vingt-deux coups de sabre. On lui criait : « Rendez vos armes ! » il répondit jusqu'à la mort : « Rendez-moi mon Dieu ! »

La journée du 10 août 1792, les Tuileries violées, le roi prisonnier, répandent la stupeur. Delouche, maire de Bressuire, refuse d'exécuter une mesure du gouvernement ; on le chasse de la ville ; quarante paroisses se soulèvent à sa voix. L'expédition est mal conduite. On marche sur Châtillon qui ne résiste pas. Les gardes nationales défendent Bressuire, cent paysans tombent en criant : Vive le roi ! Les gentilshommes qui commandaient sont pris et fusillés. Cette première victoire de la république fut souillée par les premières atrocités. Duchâtel, de Thouars, fut blessé en essayant de sauver les prisonniers ; on les massacra dans ses bras. C'est ce même Duchâtel, digne Vendéen, qui se fit porter mourant à la tribune de la Convention, lors du procès du roi, pour lui donner son vote au milieu des clameurs et des piques.

La fameuse levée des trois cent mille hommes provoque deux révoltes simultanées dans le haut et le bas Poitou. Bressuire presse le recrutement par des mesures violentes ; les jeunes gens se sauvent dans les bois. De Fontenay à Nantes, même résistance. Des rassemblements se forment à Challans et à Machecoul ; un perruquier, nommé Gaston, se met à leur tête, tue un officier et revêt son uniforme ; il s'empare de Challans, marche sur Saint-Gervais, tombe mort à la tête des siens, et passe longtemps à Paris pour le chef le plus important des révoltés.

A Saint-Florent-le-Vieil, le tirage était indiqué pour le 10 mars. Les jeunes gens résistent ; on les harangue, ils se mutinent ; on fait avancer une pièce d'artillerie qui les mitraille; les paysans s'élancent, prennent la pièce, chassent l'autorité et ses gardes, pillent le district et sa caisse, passent le reste du jour à se réjouir, et se retirent sans songer aux vengeances terribles qu'ils attirent sur leurs têtes.

Or, il y avait dans le bourg du Pin-en-Mauges un homme juste et respecté dans le voisinage. C'était un voiturier colporteur de laines qui s'appelait Cathelineau; il était occupé dans sa maison à pétrir du pain, quand on lui conte ce qui s'est passé; il s'émeut, prévoit les malheurs du pays si l'on ne soutient la révolte; il essuie ses bras, résiste aux prières de sa femme et court sur la place. On l'écoute, vingt habitants prennent les armes. Ils partent, leur nombre s'accroit en chemin; ils arrivent au village de la Poitevinière. Cathelineau sonne le tocsin, rassemble les paysans, harangue sa troupe qui monte à cent hommes. Il court sur un poste républicain, à Jallais, défendu par quatre-vingts hommes et une pièce de canon. Le canon gronde, les paysans se jettent contre terre, s'élancent sur la pièce, le poste est enlevé. Ils arrivent sans reprendre haleine à Chemillé, où ils trouvent deux cents républicains et trois couleyrines: ils essuient une première décharge, s'élancent sur l'ennemi au pas de course et l'écrasent.

Le lendemain, Stofflet, le garde-chasse de M. de Maulevrier, amène deux mille hommes; le nommé Forêt, du village de Chanzeau, poursuivi par les gendarmes, en tue un d'un coup de fusil, court à l'église, sonne le tocsin et rejoint aussitôt Cathelineau avec un renfort de sept cents hommes. Ces forces réunies se portent sur Chollet, ville considérable, chef-lieu du district, l'attaquent avec la même audace et l'emportent sur sept cents républicains appuyés de quatre pièces d'artillerie. On y trouve des munitions, de l'argent et six cents fusils. Les troupes évacuent Vihiers : la révolte se précipite et s'étend comme une lave ardente. En cinq jours, les insurgés du Bocage et du bas Poitou sont les maîtres de Saint-Florent, Jallais, Chemillé, Chollet, Vihiers, Challans, Machecoul, Léger, Palluau, Chantonnay, Saint-Fulgent, les Herbiers, la Roche-sur-Yon, menaçant, à toutes les extrémités du pays, Luçon, les Sables-d'Olonne et Nantes.

Les fêtes de Pâques approchaient. Les paysans se séparent et s'ajournent à la Quasimodo. On annonce dans les clubs d'Angers et de Nantes la fin de l'insurrection. Mais le général Labourdonnaye prend ses mesures et fait avancer Marcé au Pont-Charron avec sa division ; Marcé est repoussé. Les Vendéens se rassemblent à Chollet. Chemin faisant, ils pressent d'Elbée et Bonchamps, deux officiers retirés dans leurs châteaux, de se mettre à leur tête. D'Elbée était auprès de sa femme qui venait d'accoucher ; il cède pourtant, et il part. En même temps les insurgés du bas Boitou reviennent jusqu'à trois fois au château de Charette de la Contrie, pour le décider à les commander. La troisième fois ils menacent de le massacrer comme un lâche. Il se lève alors, les mène à l'église de Machecoul, et jure publiquement sur le saint Évangile de mourir plutôt que d'abandonner la cause qu'il embrasse. Promettez comme moi, dit-il ensuite en se retournant, que vous serez fidèles à la cause de l'autel et du trône. — Oui ! oui ! s'écrient les paysans en brandissant leurs armes. Dès le 13 avril, les divisions de d'Elbée, Stofflet, Cathelineau et Bérard forment la *grande armée catholique et royale*, devenue si fameuse.

Cependant le général Berruyer succède à Labourdonnaye. Bressuire, un instant menacé par les royalistes, épouvante le Bocage par des mesures impitoyables ; toutes les paroisses des environs étaient désarmées depuis l'affaire du mois d'août. Les prisons se remplissaient de suspects. Sur ces entrefaites, à l'occasion du tirage à la milice, un paysan vint avertir Henri de Larochejaquelein qui se cachait à Clisson, chez M. de Lescure, son cousin ; cet homme lui dit : « Est-il bien possible, monsieur Henri, que vous iriez tirer à la milice, tandis que vos paysans se battent pour ne pas tirer ? Venez avec nous, tout le pays vous désire et vous obéira. » Henri n'hésite pas, et part la nuit avec le paysan, à travers mille périls.

Il arrive pour être témoin d'une défaite qui fait reculer les royalistes jusqu'à Tiffauges. On n'avait pas deux livres de poudre, l'armée allait se dissoudre. Les Marseillais arrivent à Bressuire et commencent par égorger les prisonniers ; ils partent enfin contre les rebelles en chantant leur hymne.

A la vue de Larochejaquelein, quarante paroisses se soulèvent et envoient leurs hommes dans la nuit, armés de fourches, de faux, de haches; ils n'avaient pas en tout deux cents fusils de chasse. « Mes amis, dit Henri, si mon père était ici, vous auriez confiance en lui ; pour moi, je ne suis qu'un jeune homme : mais, si j'avance, suivez-moi ; si je recule, tuez-moi ; si je meurs, vengez-moi. » On arrive aux Aubiers, on marche derrière les haies, on entoure le village en silence. Les balles pleuvent sur les soldats, ils font un mouvement. « Les voilà qui fuient ! » crie Henri. Les paysans escaladent les haies aux cris de : Vive le roi ! Les bleus se troublent, se débandent; on les poursuit l'épée aux reins jusqu'à une demi-lieue de Bressuire. Henri court aussitôt encourager l'armée d'Anjou. Chemillé, Chollet, Vihiers sont repris ; le plus grand désordre règne à Bressuire. Les Marseillais y rentrent éperdus, et se vengent de leur défaite sur des prisonniers désarmés qu'ils massacrent. Le 1er mai l'armée prend Argenton-le-Château et marche sur Bressuire. Les troupes républicaines sont frappées de terreur. On défile sans bruit dans la nuit, les Marseillais désertent : c'est qu'il fallait combattre et non plus égorger. Le lendemain Lescure et Marigny amènent avec eux quatre mille hommes ; on trouve encore de nouveaux officiers ; on part le 5 mai pour Thouars. Quétineau y était arrivé le 3 et n'avait pris aucune précaution. Les Vendéens avaient choisi quatre points d'attaque. MM. de Lescure et Larochejaquelein devaient commencer l'affaire au pont de Vrine, à demi-lieue de la ville ; mais les autres divisions arrivent trop tard, cette fausse attaque devient la principale ; la canonnade commence à cinq heures ; à onze heures les Vendéens manquent de poudre ; Lescure se précipite sur le pont, un fusil à la main. Larochejaquelein et Forêt accourent à son secours et entraînent la troupe, le passage est forcé. Arrivés au mur, les paysans essayent de desceller les pierres à coups de piques. « Carle, dit Henri à un paysan, je vais monter sur tes épaules. — Montez. — Donne-moi ton fusil. » Il touche à la cime tout seul, on le blesse ; les paysans escaladent après lui, la ville est prise au moment de capituler. On court aux églises, on sonne les cloches, on remercie Dieu de cette victoire. On trouve là six mille fusils, douze caissons. Parthenay ouvre ses portes. La Chataigneraye résiste, on l'emporte d'assaut ; en même temps Charette prend l'île de Noirmoutiers d'un coup de main. Les divisions du Loroux et de la Cathelinière bloquent Nantes. A chaque instant des transfuges passaient aux Vendéens; on ne se souvient pas d'avoir vu des Vendéens passer à la République.

Les paysans, depuis longtemps sous les armes, voulaient rentrer dans leurs foyers. Il en restait encore sept mille sous les drapeaux ; on les mène à Fontenay. D'Elbée est blessé, la Marsonnière pris avec deux cents hommes, la bataille est perdue. L'évêque d'Agra arrive le jour de la défaite et harangue l'armée; les chefs attribuent la colère de Dieu à des désordres commis à la Chataigneraye ; ils parcourent les rangs, les paysans se jettent à genoux, reçoivent l'absolution, et les chefs les ramènent à Fontenay en criant : « Mes enfants, nous n'avons plus de poudre, il faut prendre les canons avec des bâtons ! » Il n'y avait, comme il arrivait souvent, que quatre coups à tirer pour chaque fusil et trois gargousses pour chaque pièce. Le général Chalbos les attendait en bonne position, à la tête de son armée soutenue de cinq généraux et de sept représentants du peuple. Lescure, commandant l'aile gauche, s'avance à trente pas en avant de sa troupe, une batterie de six pièces crible ses habits de mitraille. « Vous le voyez, dit-il, ils ne savent pas tirer. » Les Vendéens s'élancent au pas de course, ils rencontrent une croix de mission et tombent à genoux. « Laissez-les prier, » dit

Lescure aux officiers qui les pressent. Ils se relèvent, et il met son cheval au galop pour n'être point devancé. Une charge de Larochejaquelein décide la bataille. Lescure entre seul dans la ville, Bonchamps et Forêt le suivent dans ce péril. Un bleu se ravise en fuyant, et voyant Bonchamps isolé, lui perce le bras d'une balle ; mais la ville était emportée et les prisonniers vendéens délivrés. On prit à Fontenay quarante pièces de canon, quatre mille hommes, sept mille fusils et vingt barils de poudre. On lâchait les prisonniers jusqu'alors sur une vaine parole. On s'avisa désormais, avant de les renvoyer, de leur couper les cheveux pour les reconnaître. Les républicains leur coupaient la tête.

Le 25 de ce mois, la royale armée se disperse, comme de coutume, pour les travaux de la moisson ; mais il est temps de jeter un coup d'œil sur cette armée mystérieuse qui ne se faisait connaître à l'Europe que par le bruit de ses coups terribles. Elle venait d'atteindre un certain point de régularité. On avait créé à Châtillon un conseil supérieur, sous la présidence du prétendu évêque d'Agra. L'administration du pays conquis était organisée, les divisions étaient mieux armées et riches des munitions prises sur les bleus. Un paysan demandait un jour des cartouches. « En voilà ! » dit l'officier en montrant l'ennemi. Les Vendéens étaient divisés par paroisses commandées par un capitaine. Les capitaines obéissaient aux divisionnaires, ceux-ci aux chefs supérieurs. Les paysans de l'infanterie portaient un pantalon de laine brune, une grande veste, un chapeau à larges bords ou un bonnet de poil ; sur la veste, une casaque blanche traversée d'une croix noire, où pendait quelque relique de royaliste, de frère d'armes à venger ; un chapelet autour du cou et un fusil. La cavalerie, montée en partie sur des chevaux de labour de toutes tailles, de toutes couleurs, était formée des jeunes gens les plus ardents, la plupart en sabots, sans étriers et sans selles ; les sabres pendaient à des ficelles, et souvent ces sabres n'étaient que des faulx emmanchées à rebours, arme d'un aspect étrange et effrayant ; des épaulettes et des cocardes républicaines traînaient en trophée à la queue des chevaux. Les cavaliers portaient la cocarde blanche, noire ou verte ; ils avaient en outre un Sacré-Cœur cousu sur la poitrine, et le chapelet à leur boutonnière. Cette cavalerie était terrible dans les poursuites. L'ambition d'un cavalier vendéen était de tuer un hussard pour le dépouiller de son cheval et de ses armes ; et les hussards le savaient bien. Les officiers étaient mieux équipés, mais ils ne portaient aucun insigne, sauf des mouchoirs rouges à la ceinture et sur la tête ; plus tard, ils se distinguèrent par la couleur du nœud des écharpes.

Une entreprise décidée, on sonnait le tocsin ; une réquisition ainsi conçue courait la paroisse : *Au saint nom de Dieu, de par le roi, telle paroisse est invitée à envoyer le plus d'hommes possible en tel lieu, tel jour, telle heure : on apportera des vivres ;* et le paysan accourait avec son fusil et son pain. Mais il fut impossible d'introduire plus de discipline parmi des hommes qui distinguaient à peine leur main gauche de la droite; on leur criait : *Courez à cet arbre, à ce fossé, sur ces genêts !* Réunis en division, ils s'avançaient par colonnes de quatre hommes de front, entouraient l'ennemi en silence, et commençaient la fusillade. Bons chasseurs, visant à l'œil, tous leurs coups portaient. L'ennemi étonné voyait alors quelques tirailleurs surgir çà et là. Les paysans s'étendaient lentement, se repliaient pour attirer les troupes, puis à ce cri : *Egaillez-vous, mes gars !* ouvrant leurs ailes, ils les enveloppaient et se précipitaient sur les baïonnettes en poussant de grands cris comme les peuples sauvages. Bonchamps excellait dans cette manœuvre terrible. Les canons étaient pris tout d'abord en se couchant à plat ventre, et les plus forts sautaient sur la pièce pour l'*empêcher,* disaient-ils, *de faire du mal.*

La déroute était effroyable pour les républicains qui, engagés dans les bois sans savoir les chemins, tombaient tôt ou tard dans les mains des paysans. Le Vendéen défait, au contraire, sautait une haie, prenait un sentier et rentrait chez lui en répétant gaiement le beau mot : *Vive le Roi quand même !*

On voyait ainsi dans les marches cette multitude couronner les hauteurs, défilant sur deux rangs, la tête nue, l'œil baissé, le fusil en bandoulière, le chapelet à la main. Le canon tonnant dans la plaine couvrait sans l'interrompre le murmure des Psaumes. Les femmes venaient se mettre à genoux le long des chemins sur le passage de l'armée. Tout à coup un frémissement court les rangs, les têtes se couvrent, on laisse le chapelet, on saisit le fusil, et tous s'élancent dans la mêlée aux cris de : *Vive le Roi ! tue les républicains !* Les prêtres, les enfants priaient pendant le combat, dans les champs ou l'église la plus proche, et venaient féliciter les soldats après la victoire. On les trouvait ensuite pêle-mêle dans les villes prises, sans désordre, sans pillage, louant Dieu au pied des calvaires. En vérité, ne semble-t-il pas que l'enthousiasme des croisades s'était rallumé après tant de siècles pour la même cause, et que le bruit du canon avait réveillé les barons bretons dans leur tombe ? Ne dirait-on pas que le sang des Coucy et des Godefroy avait passé sans tache ni mélange dans les veines de Lescure et de Larochejaquelein ? Lescure, le chevalier très-chrétien ; Larochejaquelein, qui offrait à ses prisonniers de recommencer le combat corps à corps !

Cependant la Convention ébréchait le tranchant de

sa hache sur ces forêts robustes de la Vendée ; ses meilleurs généraux, ses meilleurs bataillons venaient se briser sur les phalanges royales. Elle s'efforçait de garder le silence, mais des cris de détresse éclataient parfois à la tribune. Elle assemble quarante mille hommes qui arrivent en cinq jours de Paris à Saumur sur des voitures et des bateaux ; l'armée royale se réunit le 2 juin. Les hussards républicains se montrent à Vihiers, Stofflet part et les taille en pièces ; le général Ligonier s'avance, on le rejette en arrière ; il se retranche à Doué, Doué est emporté ; le général Salomon arrive à Montreuil avec six mille hommes, Salomon est battu ; Menou veut protéger Saumur, on lui marche sur le corps et l'on court, aux cris de *Vive le Roi!* sur Saumur qu'on entame par trois attaques. Larochejaquelein jette son chapeau dans un retranchement en criant : « Qui va le chercher ? » Il emporte le poste et entre le premier au galop dans la ville, comme à Thouars, comme à Fontenay ; deux autres assauts réussissent, Saumur est pris. Restait le château qui tirait toujours ; le château capitula. La parole suffit à peine pour peindre des succès si rapides, et l'on se sent comme entraîné sur les pas de ces bouillants capitaines.

Saumur livra à l'armée le passage de la Loire, quatre-vingts canons, vingt mille fusils et cinquante milliers de poudre. On avait fait onze mille prisonniers en cinq jours, on les renvoya tondus. Le lendemain on trouva Larochejaquelein rêvant dans une église encombrée d'armes, de munitions, de dépouilles laissées par les bleus ; un officier lui demande à quoi il songeait. « Je pense, reprit-il en relevant sa belle tête blonde, à la merveilleuse marche de nos succès. » Ce jeune héros, à peine âgé de vingt ans, semblait effrayé de tant de gloire ; car, c'est le lieu de le remarquer, ce fut là véritablement la guerre des jeunes généraux. A Saumur, l'armée se nomma un généralissime, et l'on désigna à l'unanimité Cathelineau, l'homme droit et fort qui avait commencé la guerre. On a beaucoup parlé des élévations subites de la révolution ; mais je ne sais s'il n'était pas réservé à cette guerre étrange de la Vendée de donner l'exemple, peut-être unique dans l'histoire, d'un voiturier élevé en cinq mois à la tête d'une armée formidable et victorieuse, non point par l'aveuglement d'une faction, mais du consentement de militaires du premier mérite, et parce que chez cet humble paysan s'était révélé tout à coup le génie d'un grand homme de guerre. Les cruautés avaient tellement exaspéré le peuple, qu'on cite jusqu'à des femmes et des enfants morts sur le champ de bataille. Le chevalier de Mondyon, qui s'était échappé de Paris pour servir dans l'armée du roi, et M. de Langerie, qui eut un cheval tué sous lui à sa première affaire, n'avaient pas treize ans.

Plusieurs dames de qualité faisaient la guerre en amazones. Il y eut une paysanne nommée Jeanne, qui combattit jusqu'à la mort sous des habits d'homme. Ce nom de Jeanne a porté bonheur aux vaillantes femmes de France.

Après cette victoire de Saumur, si étonnante qu'on crut que M. de Larochejaquelein s'était caché d'abord dans la ville, l'armée se grossit d'un corps de Suisses, et l'on résolut de marcher sur Angers. L'épouvante précède l'armée, et l'étendard royal flotte sur la capitale de l'Anjou : la République tremblait. Certes, c'est grand' pitié de considérer quelles étaient alors l'espérance des Vendéens et la mesure de leurs prétentions ; ils voulaient, en supposant le roi rétabli : 1° que ce nom de Vendée, si glorieusement acquis, fût conservé à toute la province du Bocage ; 2° que le roi honorât une fois de sa présence ces humbles campagnes ; 3° ils le priaient de permettre qu'en mémoire de la guerre, le drapeau blanc flottât sur le clocher de chaque paroisse, et qu'un corps de Vendéens fût admis dans sa garde. Henri, qui devait s'immortaliser à la tête de l'armée par tant de batailles, disait naïvement : « Si nous rétablissons le roi, il m'accordera bien un régiment de hussards. »

Sur ces entrefaites, M. de Lescure se concerte avec Charette qui arrive avec vingt-cinq mille hommes, et trois armées combinées marchent sur Nantes. Le général Canclaux et les habitants organisent une défense héroïque et sage. Charette attaque le pont Rousseau et d'un premier choc emporte un faubourg : le faubourg est repris à la baïonnette ; les Vendéens serrent la ville par les jardins jusqu'au pied des remparts : on se battit tout le jour. Cathelineau s'indigne, rallie en masse les vieilles divisions de Saint-Florent et les Suisses, se jette à corps perdu sur une batterie, enfonce le 109ᵉ régiment et le poursuit de rue en rue jusqu'à la place de Viarmes. Nantes frémit ; mais tout à coup des Vendéens reviennent portant un cadavre ; un cri lugubre passe de rang en rang : *Cathelineau est mort !* Le feu s'amortit, les courages tombent, la nuit arrive, la ville est sauvée.

Le colonel Westermann choisit ce moment pour envahir cette Vendée qu'il se vantait de détruire avec une seule légion. Il arrache un ordre au général Biron campé à Niort avec quinze mille hommes, prend six mille soldats, pénètre la nuit à Parthenay, égorge les gardes et en chasse les Vendéens ; il se porte de là sur le bourg d'Amaillou et le brûle ; il arrive, la torche à la main, à Clisson, prend le château de Lescure, le met à feu et à sang et occupe Bressuire. Lescure et Larochejaquelein l'attendent avec quatre mille hommes ; il se jette le sabre à la main sur les Vendéens, les met en fuite et entre le même jour à Châtillon. Aussitôt il envoie mettre le feu au château de Larochejaquelein ;

les paysans éteignent l'incendie et fusillent les envoyés. Il fait chanter un *Te Deum* par un évêque intrus, et devait le lendemain marcher à Chollet, pour achever, disait-il, d'écraser ces brigands; mais l'armée royale licenciée à Nantes se rassemble. Le 5 juillet, la fusillade surprend les bleus, Westermann charge à la tête de ses cavaliers; une mousqueterie à bout portant lui abat tout son monde; il se sauve seul à toute bride. Il était venu avec dix mille hommes, il s'en échappa à peine trois cents. Les incendies avaient exaspéré les paysans; les femmes assommaient les fuyards à coups de fourche. Le pieux Lescure, dans Châtillon même, en sauva quatre mille qui s'attachaient à ses habits. « Retire-toi, criait Marigny, que je tue ces monstres qui ont brûlé ton château! — Marigny, Marigny, dit Lescure, tu es trop cruel, tu périras par l'épée; laisse ces malheureux, ou je vais les défendre contre toi-même. » On a calculé que Lescure avait sauvé la vie, durant toute la guerre, à plus de vingt mille prisonniers.

La Vendée alors semblait entourée d'un mur de baïonnettes, et Paris vomissait sans cesse de nouvelles légions. Santerre sort de Saumur, son quartier général, avec sa populace des faubourgs de Paris et quarante pièces de canon. La Vendée réunit ses forces. On se rencontre près de Vihiers. Le curé de Saint-Laud exhorte les Vendéens et donne l'absolution. Santerre perdit quatre heures à ranger ses troupes. La chaleur interrompt le combat : M. de Lescure exténué tombe en défaillance. Les bleus sont arrêtés par les feux réguliers des Suisses; dix mille Vendéens les chargent en queue; ils crient : *Sauve qui peut!* Santerre s'échappa en sautant à cheval un mur de six pieds.

L'armée vendéenne est licenciée; la tranquillité se rétablit dans le pays : on nomme d'Elbée généralissime à la place de Cathelineau. Les bleus consternés se rassemblent : le général Tuncq recommence les hostilités et rentre à Luçon; les chefs royalistes convoquent trente-six mille hommes, décidés à reprendre Luçon ou à périr. Les Suisses demandent que la bataille se livre le 10 août, anniversaire du massacre de leurs camarades. Tuncq prend de sages mesures et dispose habilement ses forces qui étaient inférieures. Les paysans s'élancent au pas de course; l'artillerie légère se démasque tout à coup, quatre mille fantassins cachés dans un ravin se lèvent avec de grands cris; les Vendéens se troublent, la cavalerie les charge, ils sont en pleine déroute.

Les Poitevins avaient été vaincus par la ruse : M. de Royrand réunit avec peine six mille paysans, d'Elbée et d'Autichamp le rejoignent avec douze mille hommes; il tourne la position de l'ennemi, d'Elbée descend secrètement par Saint-Philbert et passe derrière le camp républicain; les deux armées vendéennes attaquent simultanément et foudroient le camp ennemi; d'Autichamp emporte les retranchements à la baïonnette; le bataillon le *vengeur* est taillé en pièces, la cavalerie seule se sauve. De cette brave armée, si longtemps l'écueil des Vendéens, il échappa à peine seize cents hommes : l'artillerie et les munitions demeurèrent au vainqueur. En même temps Charette prenait Challans dans le bas Poitou et battait une armée entière.

Cette victoire de Chantonay épouvante la Convention à qui l'on annonçait depuis si longtemps la ruine des insurgés : on lui parlait d'un reste de six mille bandits mal armés, et les rapports de la défaite révèlent une armée de trente mille hommes. Barrère s'écrie à la tribune que l'inexplicable Vendée existe encore, la Vendée, *chancre politique qui dévore le sein de la République.* Il y a dans les expressions et les idées des analogies rigoureuses : les hommes qui concevaient l'extermination en masse et le culte de la raison, devaient s'exprimer ainsi dans une tribune publique. Mayence et Valenciennes venaient de capituler, défendues par dix-huit mille hommes d'élite; cette capitulation portait que ces excellentes troupes ne pourraient servir contre les alliés jusqu'à la paix. On avait négligé d'y comprendre les Vendéens; et certes les Vendéens étaient aussi des alliés de la cause du roi. La Convention fait partir ces troupes *en poste*. Le tocsin sonne autour de la Vendée; une levée en masse s'organise dans les départements voisins; on arrête à Saumur un plan de campagne. L'armée de Mayence, réunie à l'armée des Côtes de Brest, allait balayer tout le bas Poitou et se porter ensuite au cœur du pays; l'armée des Côtes de la Rochelle devait s'avancer jusqu'à sa jonction avec l'aile droite de l'armée des Côtes de Brest; la division Chalbos marchait à la Châtaigneraye; la division de Rey à Bressuire; la division Duhoux occupait le Pont-Barré; le général en chef restait à Doué : ainsi cent quarante mille hommes de troupes supérieures allaient écraser à la fois la Vendée; déjà les Mayençais s'avançaient portant devant eux l'épouvante. Nous allons voir par quel effort sublime la Vendée soutint le choc de cette coalition terrible.

M. de Lescure part de Saint-Sauveur avec deux mille hommes, et emporte Parthenay l'épée à la main. Le 4 septembre Bonchamps bat les bleus à Érigné, et les repousse jusqu'au delà de la Loire. Trente-deux mille gardes nationaux s'assemblent à Thouars pour seconder les troupes républicaines; Lescure marche contre eux avec dix-huit cents hommes, reprend le pont de Vrine et disperse cette multitude. Santerre s'avance à Coron; il est enveloppé, s'enfuit à toute bride et perd trois mille hommes. Il se destitua lui-même et repartit pour ses faubourgs, ce général de guillotine, qui ne savait lever son sabre que pour faire tomber la hache du bourreau, et qui ne paraît que deux fois dans l'histoire : la première pour défendre un échafaud, la seconde pour donner son nom à une déroute. On appela la bataille de Coron : *la déroute de Santerre.*

Presque en même temps, le général Duhoux est battu à Saint-Lambert par son neveu, officier vendéen ; et d'Elbée le même jour détruit une division républicaine à Beaulieu. Beysser entre dans la Vendée aussitôt que les Mayençais. Charette, en cette occasion décisive, se réunit à la haute Vendée. Les Vendéens se troublent au premier feu de cette armée aguerrie ; M. de Lescure met pied à terre, prend un fusil et s'écrie : « Y a-t-il quatre cents hommes assez braves pour venir avec moi ? — Oui ! oui ! monsieur le marquis ! répondent les gens de la paroisse des Échaubroignes. Les Mayençais sont battus : on en tua cinq cents. Le lendemain, Lescure et Charette vont à la rencontre de Beysser, qui mettait tout à feu et à sang à Montaigu ; ils trouvent ses soldats pillant, brûlant, ivres-morts ; ils les passent au fil de l'épée; et l'on ne rallie qu'à Nantes deux mille trois cents hommes de cette armée florissante et victorieuse.

Des trois armées qui avaient pénétré dans la Vendée, deux armées étaient détruites, la troisième était à Saint-Fulgent. Les paysans attaquent Mieskouski la nuit et le battent; tous les bagages et les redoutables obusiers furent pris. Un Suisse royaliste jouait par dérision l'air *Ca ira* pendant la déroute; un boulet emporte son cheval, il se relève en continuant la mesure. En si peu de temps, les Vendéens, ces paysans sans solde et sans discipline, avaient repoussé six armées composées des meilleures troupes de la République.

Mais ici commencent les revers de ce qu'on appela la *Grande-Vendée*. Charette se sépare de la grande armée ; ce fut la perte de ces malheureuses provinces. Léchelle arrive, réorganise les armées battues, reçoit du renfort, et les dirige sur Châtillon. Cinq mille Vendéens abandonnés, découragés, sont culbutés au Moulin-aux-Chèvres. Les bleus prennent Châtillon. La haute Vendée, menacée de toutes parts, envoie prier M. Charette : il demeure inflexible. Les paysans désespérés se portent sur Châtillon en petit nombre, mais la rage dans le cœur. Bonchamps et Larochejaquelein étaient blessés ; on voyait à la tête des colonnes des officiers qui pouvaient à peine se tenir à cheval. Le choc est horrible ; les bleus sont battus et dispersés ; Châtillon est repris. Mais, après la déroute, Westermann prend cent hussards, cent grenadiers en croupe, rentre la nuit à Châtillon, répond au *qui-vive :* Royaliste ! tombe sur les soldats endormis, tue, pille, brûle, et quatre heures lui suffisent pour joncher la ville de cadavres et de débris. Les

Vendéens le poursuivent inutilement. Le 20 septembre la Convention décréta que la Vendée devait *être exterminée* avant la fin du mois d'octobre.

Charette demeurant en repos, Léchelle se porte en masse sur Chollet. Lescure s'avance à la Tremblaie; les Mayençais font une charge : ses soldats plient, il s'écrie : « En avant! » et s'élance à toute bride. Une balle le frappe au front, il tombe blessé à mort : cette nouvelle se répand et la bataille est perdue. Les représentants écrivent encore que la Vendée est détruite; mais le 16 octobre, les Vendéens reparaissent sous les murs de Chollet et présentent la bataille; elle fut sanglante. Les Mayençais s'avancent à la baïonnette, les Vendéens soutiennent à deux reprises cet assaut formidable; pour la première fois ils marchent en colonne serrée, et rejettent l'ennemi jusque dans les faubourgs de Chollet; mais la cavalerie se déchaîne sur eux : d'Elbée, Bonchamps, Henri, cinquante officiers désespérés, se précipitent en escadron serré et laissent partout une trouée sanglante. D'Elbée et Bonchamps tombent frappés à mort; on les arrache de la mêlée : la victoire est aux bleus qui se retirent à Chollet, le brûlent et y font leurs horreurs accoutumées; mais cet affreux système d'incendies ne faisait que décupler la rage et la force des Vendéens.

Toute la nuit les fuyards, sans s'arrêter, se portèrent

sur Saint-Florent, et là se réunirent aussi toutes les populations du Bocage, femmes, vieillards, enfants, fuyant le fer et la flamme. M. de Talmont avec quatre mille hommes, et d'Autichamp à la tête de douze cents cavaliers, venaient d'emporter le poste de Varades pour assurer le passage de la Loire. Le feu des villages s'élevait à l'horizon dans les ténèbres d'un ciel orageux, la foudre et la canonnade tonnaient au loin; et cette multitude épouvantée, confondue, pleurant, cherchant ses proches, ses amis, impatiente de mettre le fleuve entre elle et ses ennemis, empêchait tout ordre dans l'armée; les blessés, les enfants poussaient des cris effroyables; les paysans bretons encourageaient leurs frères de l'autre bord, et amenaient de frêles barques à cette foule qui s'élançait à la fois et tendait ses mains éplorées. Larochejaquelein éperdu courait, menaçait et voulait se faire tuer sur l'autre rive; Lescure, porté sur un matelas, demandait qu'on le laissât massacrer avec lui. « Général! crie Stofflet, prenons cent braves, et allons mourir à Châtillon! » On leur fit entendre que la moitié des Vendéens avait passé l'eau; ils cèdent. On s'embarque en tumulte, on entend des clameurs déchirantes : des enfants appellent leurs pères, des mères sont séparées de leurs fils blessés, les bateaux trop chargés s'enfoncent, et l'on voit, avec des cris d'horreur, des amas de femmes, de blessés, d'enfants, rouler dans l'eau sans secours. On avait amené à Saint-Florent cinq mille prisonniers républicains : ce fut à ce moment qu'un vieux chevalier de Saint-Louis et des paysans furieux voulaient les fusiller sur-le-champ; Bonchamps, Lescure mourants et tous les chefs s'accordèrent à les épargner. Les représentants du peuple et les généraux, surpris de les retrouver vivants après le passage, écrivirent à la Convention qu'ils les avaient arrachés *aux brigands* par leur prompte arrivée. Les Vendéens qui avaient passé le fleuve s'asseyaient à mesure sur la grève, alarmés à chaque instant par la fusillade lointaine des patrouilles républicaines, ne voulant point se mettre en marche qu'ils n'eussent revu leurs amis et leurs parents. Il se trouva enfin sur la rive une multitude de soixante mille personnes. Mais il y en avait à peine la moitié en état de se battre, dont trente mille fantassins environ et douze cents cavaliers, le tout marchant sans ordre, sans vivres, sans dessein, dans un pays inconnu, et poursuivi par les armées qui passaient la Loire à la hâte et rôdaient à l'entour, égorgeant impitoyablement les traînards. A Varades, les bleus déterrèrent Bonchamps et envoyèrent sa tête à la Convention en présent digne d'elle.

Cependant Larochejaquelein succède au généralissime d'Elbée ; cette triste armée s'organise et s'avance dans le pays en colonnes désespérées qui devaient encore

faire trembler la République. Château-Gontier résiste et
ne soutient pas le premier choc de l'avant-garde.
Quinze mille gardes nationaux se rangent devant Laval,
les Vendéens les balayent et entrent dans la ville ; les
Mayençais accourent, croyant n'avoir affaire qu'à une
poignée de fugitifs : les Mayençais sont refoulés, la
baïonnette aux reins ; le général Léchelle arrive avec
toutes ses forces : la mêlée est affreuse ; on se bat corps
à corps ; toutes les forces républicaines sont écrasées
en masse et repoussées jusqu'à Château-Gontier, où le
drapeau blanc flotte pour la troisième fois. Les Vendéens
achevèrent là de détruire cette belle armée de Mayence.
Le reste fut incorporé dans d'autres divisions.
Sept mille paysans bretons qui s'étaient joints à l'armée
royale se battirent à cette affaire comme des Vendéens.
A Château-Gontier, un soldat poitevin fut impitoyablement fusillé pour un léger vol. Les paysans, dans
toute la guerre, faisaient la police eux-mêmes. Un Allemand royaliste outrageant un jour une femme, un
Vendéen le coucha en joue en lui disant : « Retire-toi, ce que tu fais ne convient pas. »

La Convention dans sa détresse pousse un cri de fureur ; elle décrète que les villes qui se rendront aux
brigands seront rasées. Trente mille hommes de l'armée
du Nord partent pour Orléans. Les représentants rassemblent les armées battues. L'armée royale poursuit

2.

sa marche souveraine vers Granville. Lescure meurt à Ernée, et ses Poitevins traînent son cercueil à leur suite. Fougère veut résister, mais les gardes nationaux n'attendent pas les Vendéens. Dol, Avranches, Pontorson, le Mont-Saint-Michel se rendent. On y délivra de pauvres prêtres qui n'eurent pas la force de profiter de leur liberté, et qui moururent de misère sur les chemins.

Le généralissime somme Granville qui avait eu le temps de se fortifier. Les bleus font une sortie et sont repoussés; mais que pouvaient ces paysans héroïques contre des murailles hérissées d'artillerie? Un ingénieur malavisé, un traître peut-être, signale un point inaccessible. Les paysans escaladent les murs sur des baïonnettes; le brave Forestier arrive seul sur la muraille : il en tombe évanoui. Les représentants mettent le feu aux faubourgs. « Général, crie Stofflet, faites tirer à boulets rouges, la ville est à nous ! — Laissons cette ressource, dit Henri, à ces lâches qui ont couvert notre pays de cendres et de ruines, la nôtre est dans nos épées. »

L'attaque recommence, les boulets trouent une porte : cent royalistes pénètrent dans la ville; ils ne sont pas soutenus. Un lâche crie : *Sauve qui peut!* Un officier lui brûle la cervelle; mais le coup est porté, le paysan se décourage de trente-six heures de combat et refuse de monter à l'assaut; une sédition éclate, les paysans demandent à grands cris qu'on les ramène dans leur pays.

On se retire en désordre sur Dol. Larochejaquelein poussa une tentative infructueuse jusqu'à Villedieu.

En attendant, les armées républicaines, commandées par Rossignol, Kléber et Marceau, accouraient de toutes parts pour achever d'écraser cette armée déconcertée et acculée à la mer. Les royalistes n'étaient pas plutôt arrivés à Dol qu'on entend le cri d'alarme. Il était nuit ; les Vendéens ne faisaient point de patrouilles : un officier seul se dirige en avant et rapporte qu'une armée formidable s'avance. Vingt tambours courent la ville en battant la charge pour animer les soldats. Les bagages sont mis en file dans l'unique rue de Dol, où se fait une horrible mêlée de femmes, de vieillards, de blessés, qui attendent la mort en priant au milieu des cris, du roulement des tambours et du feu des obus qui jetaient des éclairs funèbres. Les Vendéens sortent en ordre : une demi-heure après on entend les cris : *Vive le roi ! En avant la cavalerie !* Les cavaliers partent au galop sur les bleus, qui reculent pendant deux heures. Le jour paraît, la bataille recommence. Un brouillard épais couvre les armées. L'aile droite des Vendéens est victorieuse ; l'aile gauche plie ; la terreur les gagne, la moitié s'enfuit vers la ville, Larochejaquelein, désespéré, s'avance au-devant d'une batterie ennemie les bras croisés ; ses officiers l'arrachent à la mort. Les ténèbres heureusement aveuglent les républicains. La déroute est inexprimable dans la ville. Les enfants criaient, les blessés se traînaient en travers des chemins ; Marigny avec sa taille herculéenne barrait la route le sabre à la main ; les femmes arrêtaient les fuyards et jetaient leurs enfants sous leurs pieds. En ce moment, le curé de Sainte-Marie de l'île de Ré saisit un crucifix, montre ces familles désolées aux vaincus, et s'écrie qu'il va marcher à leur tête. « Abandonnerez-vous votre général ? crient les officiers. — Non ! non ! répondent les paysans. *Vive le roi ! Vive M. Henri !* » Talmont, cerné partout, tenait toujours, Larochejaquelein l'avait rejoint avec quatre cents braves ; le choc des troupes ralliées est si violent, que les bleus les prennent pour une nouvelle armée. Rossignol était battu, Westermann et Muller ploient, Kléber et Marceau rétrogradent : le combat est rétabli, et le vieux curé de Sainte-Marie rentre dans la ville en chantant le *Vexilla regis* d'une voix éclatante. Les armées restent deux heures en observation. Larochejaquelein sent le danger d'un délai et part avec son avant-garde ; on se confond, on s'égorge, on prend des cartouches aux mêmes caissons. Westermann est renversé de cheval, pris et délivré aussitôt. La cavalerie vendéenne va se rompre sur la division de Kléber et entraîne l'infanterie dans sa retraite. « Mes amis, crie

Larochejaquelein, abandonnerons-nous une victoire déjà gagnée deux fois ! » Kléber et Marceau, écrasés par une batterie, font battre la charge ; les Vendéens soutiennent l'assaut, mais ils n'ont plus de cartouches. Une de leurs ailes plie : Talmont, Stofflet et une foule d'officiers se précipitent sur l'ennemi et l'arrêtent. Larochejaquelein, la mort dans l'âme, rassemble ses Poitevins et la compagnie suisse, fait un détour et tombe comme la foudre sur le flanc des républicains ; la mêlée s'engage à l'arme blanche. Les bleus s'étonnent, s'effrayent de cette rage, lâchent pied, et Rossignol enfin commande la retraite. Larochejaquelein, mourant de faim et de fatigue, s'élance sur les fuyards. Ils essayent de défendre Antrain ; il les culbute et pénètre avec eux dans la ville. On se battait depuis deux jours. Munitions et bagages, tout fut pris. Douze mille républicains restèrent sur le champ de cette bataille, qui fut une des plus sanglantes et des plus terribles qui se soient livrées sur le sol de la France.

Les débris des phalanges royales, réunis dans l'église de Fougères, tristes, mutilés, semblables à des spectres, chantèrent un *Te Deum* qui ressemblait à une cérémonie funèbre. A Antrain, ce même curé de Sainte-Marie, qui avait *fanatisé* les paysans à Dol, parvint à arracher de leurs mains un grand nombre de prisonniers voués à la mort : c'étaient des prisonniers déjà relâchés sur parole et repris les armes à la main. L'armée royale marcha jusqu'à Angers, triomphante et tranquille comme une armée de l'État. Des officiers républicains ont avoué depuis que leurs bataillons en ce moment étaient réduits à cinquante hommes, et que les soldats ne voulaient plus se battre contre des hommes pareils à ces *brigands*.

Pourtant, seize représentants, répandus dans ces provinces, parvinrent, à force de terreur et de réquisitions, à rassembler vingt-huit mille hommes. L'armée royale marche sur Angers avec la résolution d'emporter la place ou de mourir au pied de ses murailles ; mais, arrivée devant des fortifications formidables, épuisée de faim, de fatigues et de froid, le souvenir de Granville la décourage. L'artillerie fait une brèche de vingt toises, le général commande l'assaut : le soldat demeure immobile. Henri s'indigne, exhorte, menace : on lui répond par des gémissements ; il met pied à terre, prend un fusil avec une troupe de braves : la cavalerie le suit à pied, l'infanterie s'avance enfin dans les faubourgs ; un général républicain tombe en queue sur l'armée royale : on le repousse, mais on abandonne l'assaut au bout de trente heures, et l'armée égarée se met en route pour Baugé. Il semble qu'il n'y avait plus qu'à écraser cette malheureuse armée qui semait les chemins de cadavres ; mais elle allait encore étonner le monde d'une dernière victoire. Quatre mille bleus défendaient la Flèche, le pont était coupé et garni d'artillerie ; l'ennemi poursuivait les Vendéens cernés entre deux armées. Larochejaquelein prend quatre cents cavaliers et autant de fantassins en croupe, côtoie la rivière ; la passe à gué, tombe sur les bleus stupéfaits, prend leurs canons, répare le pont, introduit ses troupes, fait volte-face, court à la rencontre de l'autre armée avec toutes ses forces, et la repousse sur tous les points.

Le Mans résiste avec une garnison nombreuse : les retranchements, les chausse-trappes, les chevaux de frise, l'artillerie, n'arrêtent point une demi-heure les royalistes. Dans cette affaire, un hussard défia le prince de Talmont, qui chargeait à la tête de la cavalerie ; le noble enfant des la Trémouille s'élance au galop et lui fend la tête d'un seul coup de sabre.

Cependant Marceau s'approchait avec les débris de cinq divisions battues, six régiments venus du Nord et l'armée de Cherbourg. Il attaque le Mans le 13 décembre : les Vendéens à demi ivres étaient répandus dans les maisons. Kléber est d'abord repoussé ; l'armée de Cherbourg donne en flanc. Piron et Stofflet arrêtent les bleus à coups de canon ; les soldats sortent des cabarets et se battent avec la fureur et l'aveuglement de l'ivresse : le combat se ralentit à minuit. Les Vendéens sont pris à dos ; ils battent enfin en retraite, et la tuerie commence dans les rues et dans les maisons. Les bleus rassemblent les prisonniers, les entassent, les sabrent et les rangent, comme ils disaient, *en batterie*. Les rues du Mans étaient engorgées de caissons, de charrettes, de chevaux abattus, de cadavres qui empêchaient la fuite : la moitié des victimes fut égorgée dans la ville surprise, dans les ravins et les fossés ; il périt douze mille femmes ou enfants, et cinq mille combattants. Les généraux écrivaient dans un bulletin lu à la Convention : « Les rues, les maisons, les places publiques, les routes, sont jonchées de cadavres, et depuis quinze heures le massacre dure encore... »

Ce qui restait de ce peuple misérable s'échappa sur Laval. Mais comment peindre la marche de ces malheureux pendant cette fuite et dans les horreurs de l'hiver? Des blessés, des vieillards, étaient obligés de faire vingt lieues par jour, sans vivres, à peine couverts, par une pluie glaciale. De jeunes filles sans bas, sans souliers, laissaient dans la boue des traces de leurs pieds sanglants. Dans cet excès de misère, madame la marquise de Larochejaquelein, qui nous a laissé ces détails, était enveloppée d'une couverture ; un officier portait un turban et un dolman pris au théâtre de la Flèche ; M. de Beauvolliers, une robe de procureur et un chapeau de femme sur un bonnet de laine; M. de Verteuil se battait vêtu de deux cotillons, l'un sur les épaules, l'autre à la ceinture ; il fut tué dans cet équipage. Tout ce qui manquait de force pour suivre était massacré. Ce désastre n'a rien de comparable à ceux de l'armée de Russie, où du moins les soldats n'avaient ni femmes ni enfants autour d'eux pour amollir les âmes les plus fortes. L'armée arrive à Ancenis ; point de barques. Larochejaquelein parvient à passer la Loire. L'armée se débande, quelques-uns se rendent à la perfide amnistie ; ils sont fusillés. On parvient à Niort, et de Niort à Blain. L'héroïque Talmont, à ce moment, briguait encore le commandement.

A Niort, on repousse deux mille bleus ; vers minuit, on quitte Blain, impossible à défendre. Deux mille Vendéens arrivent à Savenay, où le 22 décembre Kléber les attaque : ils disputèrent la victoire pendant deux heures. Marigny se jeta trois fois sur les bleus, pleurant de rage, son drapeau dans les bras. « Femmes ! s'écria-t-il enfin, tout est perdu ; sauvez-vous ! » Et, la bataille étant finie, la boucherie commença : on fusilla pendant huit jours à Savenay. On faisait la *chasse aux brigands* dans les villages d'alentour : chaque ferme, chaque grange bretonne, fut fouillée par les baïonnettes. Dans la forêt de Gâvré, Donnissan réunit deux cents Vendéens exaspérés qui détruisent trois cents républicains et s'emparent d'Ancenis ; Donnissan fut pris et fusillé. Marigny repassa la Loire.

On croyait la guerre finie, elle se réorganise sur son premier théâtre : des débris des vieilles bandes se reforment sous chaque chef. Chaque pierre, chaque buisson, devient un ennemi pour les bleus ; tout détachement isolé disparaît, toute patrouille est massacrée ; cette terre embrasée semble s'entr'ouvrir sous leurs pas. Marigny les bat à Clisson, Larochejaquelein à Chemillé, Stofflet prend Chollet. Le général Turreau remplace Marceau. Six généraux en chef de la République s'étaient succédé en trois mois. Le général Moulins, fait prisonnier, se brûla la cervelle. Et l'on peut faire cette remarque, que presque tous les généraux qui dirigèrent cette guerre atroce périrent misérablement. Beysser, Marcé, Quétineau, Biron, Westermann, Rossignol, moururent l'un après l'autre sur l'échafaud ; parmi les autres, tous successivement accusés et destitués, Léchelle et Danican meurent sous le poids de la honte ou de la trahison ; Moulins et Haxo se font sauter le crâne ; Hoche et Kléber périssent par le fer ou le poison.

Le 21 décembre, les représentants prennent un arrêté qui commande l'organisation de compagnies d'incendiaires et d'égorgeurs, et ils requièrent le général de donner les ordres les plus pressants pour en hâter l'exécution. Turreau conçoit le plan des *colonnes infernales;* il évacue la Vendée, laisse le terrain libre à ses habitants et forme douze colonnes qui, partant de plusieurs points de la circonférence, devaient parcourir le pays en tous sens, brûlant, pillant, tuant et ne laissant de toutes parts sur leurs traces que des cendres et des cadavres : ce plan véritablement infernal fut exécuté. Grignon part d'Argenton-le-Château à la tête d'une de ces colonnes et lui fait cette harangue : « Camarades, nous entrons dans le pays insurgé, je vous donne l'ordre exprès de livrer aux flammes tout ce qui peut être brûlé, et de passer tous les habitants au fil de la baïonnette. Je sais qu'il peut y avoir des patriotes dans le pays, c'est égal nous devons tout sacrifier. » En effet, des municipalités décorées de leurs écharpes tricolores furent massacrées; des communes entières, les moissons, les granges, les bois, les maisons, furent incendiés; chaque habitation fut successivement prise d'assaut et ses habitants égorgés indistinctement. Le bétail dispersé errait dans ces campagnes dévastées, et des troupeaux de bœufs revenaient gémir le soir sur les débris fumants de leurs étables. Des enfants furent massacrés sur le sein de leurs mères, des filles violées et tuées sur des monceaux de cadavres. On renouvelait d'anciennes tortures pour faire découvrir à ces malheureux des sommes d'argent cachées. Tout ce que peuvent imaginer la luxure et la cupidité d'une soldatesque effrénée fut exécuté en plein soleil. On vit des soldats porter des enfants nouveau-nés à la pointe de leurs baïonnettes. A Nantes, un patriote parut à la tribune du club, ayant pour cocarde à son chapeau l'oreille sanglante d'un Vendéen. Or tels sont les hommes qui appelaient les Vendéens des *brigands!* Il faut lire ces détails dans les écrits des représentants eux-mêmes, dont la plume seule ne pouvait se refuser à les retracer; il faut entendre Lequinio dire avec son abominable naïveté : « J'ai cru, je puis le dire sans être taxé de modération, qu'il fallait tout brûler et tout égorger. » En cinq jours, le quart de la population fut exterminé, vingt-cinq millions furent perdus, et l'une des plus belles provinces de France pour ainsi dire anéantie. Des populations entières vécurent cachées dans des souterrains ou des forêts inaccessibles, qui devinrent de véritables villes, et qu'on appelait des *refuges*. On a trouvé récemment dans un tronc d'arbre le squelette d'un de ces Vendéens, avec son fusil et son chapelet.

En même temps Carrier régnait à Nantes, moment bien choisi et digne de lui! Ses bourreaux achevaient l'œuvre des baïonnettes; les Vendéens faits prisonniers ou attirés par de fausses amnisties encombraient les prisons; la hache, la mitraille, la fusillade, les détruisaient en masse, la Loire les engloutissait pour plus de hâte; et ceux qui avaient échappé aux soldats las de tuer s'allaient perdre dans ce vaste atelier de supplices, dans cette ville de Nantes, qui n'était alors qu'une mare de sang humain.

La Vendée cette fois paraissait détruite, elle renaquit de ses cendres ; le sang de ses nobles fils semblait féconder cette terre de héros. Grignon, battu plusieurs fois par Charette, Stofflet, Marigny, Sapinaud, perd la moitié de ses troupes. Le 19 mars, Charette extermine Haxo et sa troupe. Ce fut alors qu'un représentant proposa encore une fois de dépeupler la Vendée. Charette et Stofflet détruisent le camp de Saint-Florent ; Charette seul défait huit cents hommes à Montaigu, emporte Azenay, enlève les convois et force successivement les deux camps formidables de la Roulière et de Fréligné. Enfin ce fut au bout de deux ans de luttes, d'échecs impossibles à suivre dans leurs détails, que la République harcelée en vint à traiter de puissance à puissance avec le général vendéen Charette, et que s'annoncèrent les projets du fameux traité de pacification. Dès les préludes d'accommodement, les Vendéens obtinrent de ne point porter la cocarde aux trois couleurs. On prétend que les conditions secrètes furent : 1° qu'on proclamerait la monarchie le 1er juillet 1795 ; 2° que les enfants de Louis XVI seraient remis aux Vendéens le 13 juin de la même année ; 3° que les émigrés ne rentreraient qu'après le rétablissement de la monarchie ; 4° que ces trois articles ne seraient point insérés au traité public, mais qu'ils demeureraient secrets, connus seulement des parties contractantes. Les représentants, à ce sujet, prirent pour prétexte qu'ils avaient besoin de ménager les esprits et de déguiser la dureté des conditions imposées par les royalistes ; ce qu'il y a de sûr, c'est que le traité public, conclu solennellement le 27 février 1795, accordait aux Vendéens : 1° le libre exercice de leur religion; 2° la possession paisible du pays gardé par un corps permanent de Vendéens soldés par la République et commandés par un officier vendéen ; 3° l'exemption militaire ; enfin une somme de deux millions, des indemnités en meubles, argent et outils, la levée des séquestres, une amnistie générale, la conservation des biens des réfugiés, et des sommes secrètes à certains chefs, c'est-à-dire que la République, par ces conventions incroyables, reconnaissait un autre État dans son sein.

A ces conditions, Charette fit son entrée solennelle à Nantes, à cheval, à côté du général Canclaux, à la tête de ses officiers parés de leurs panaches blancs et mêlés à l'état-major républicain, suivi d'un cortége militaire, aux acclamations d'un peuple immense étonné de voir dans ses murs cet homme extraordinaire, et qui ne cessa de crier *Vive Charette!*

Mais cette paix étrange ne pouvait durer longtemps. L'établissement d'un nouveau camp républicain sert de prétexte à Charette; il rassemble douze mille hommes, recommence la guerre et fusille ses prisonniers en représailles des perfidies de Quiberon. Le 10 octobre 1795 il se rend à la Tranche, en face de l'Isle-Dieu, où le comte d'Artois devait débarquer à la tête d'une armée. Ce fut ici la ruine et peut-être la plus grande gloire de Charette. Un aide de camp vient lui annoncer que le débarquement est différé, il se tourne vers ses officiers : « Mes amis, nous sommes perdus ! » Puis, s'adressant à cet officier : « Monsieur, c'est l'arrêt de ma mort que vous m'apportez, vous me voyez aujourd'hui quinze mille hommes, demain je n'en aurai pas trois cents; cette comédie que l'on joue me sera funeste, je suis dès longtemps voué à la mort. » Et il répéta dans ses accès de colère : « Je n'ai plus qu'à me cacher ou à périr, je périrai. » En effet, son armée le quitta. Il avait alors en tête le général Hoche à la tête de cent quarante mille hommes et de cent canons. Il marche pourtant sur Saint-Cyr, il échoue et perd le plus brave de ses compagnons. Pour la première fois il verse des larmes. Ses soldats l'abandonnaient ou périssaient sous ses yeux. Il résista cinq mois, enfermé dans un espace de dix lieues carrées. Réduit sans cesse par la trahison, il emporte les camps de l'Oie et des Quatre-Chemins, tue dix mille républicains et rentre à Bellevue en s'écriant : « Je puis encore battre les bleus, mais non triompher de mes Vendéens. » Hoche l'admire, le croyant terrassé. Stofflet, comme pour lui annoncer son sort, est pris et fusillé. Resté avec cinquante officiers :

« Messieurs, dit-il, je vous rends vos serments, cherchez votre salut; quant à moi, en reprenant les armes j'ai juré de ne plus les quitter, je saurai mourir en chrétien et en soldat. » Presque tous ces braves restèrent. A ce moment, les républicains lui offraient encore un million et un vaisseau pour passer en Angleterre : il refusa. Trahi partout et traqué comme une bête fauve, il est surpris le 21 février 1796 à Froidefond. Quinze de ses braves tiennent dans un chemin creux et lui donnent le temps de s'échapper. Son frère tombe mort. Une dame lui offre un asile dans un souterrain; il refuse encore d'abandonner ses compagnons fidèles. Quatre colonnes mobiles le poursuivaient, guidées par des traîtres. Errant, couchant dans les bois sous toutes sortes de déguisements, épuisé de fatigues, de blessures, les traîtres découvrent son dernier gîte; une des colonnes le surprend encore à Saint-Sulpice, le poursuit deux heures, lui tue quelques hommes. Il s'échappe et retombe dans la colonne du général Travot; il s'élance dans un taillis, une espingole au poing : une balle lui fracasse la main gauche. Il s'enfuit sur les épaules de deux de ses hommes : une fusillade les abat; il tombe à genoux au revers d'un fossé, accablé, baigné dans son sang, en criant : « Courage, mes amis! combattons jusqu'à la mort pour notre Dieu et notre roi, mourons les armes à la main! » Un de ses soldats prend son chapeau, se livre à sa place ; mais un déserteur reconnaît la ruse, on pénètre dans le taillis et l'on trouve Charette à côté de son domestique mort en le défendant : Travot accourt et lui crie : « Est-ce toi, Charette? » Il répondit : « Oui, foi de Charette, c'est moi. »

Il fut embarqué sur la Loire et arriva à Nantes à une heure du matin, dans la nuit du 27 au 28 mars 1796. Il lui échappa cette parole en touchant le rivage : « Voilà où ces gueux d'Anglais m'ont conduit. » Il s'endormit dans la prison. On le mena le lendemain au conseil de guerre, et l'on eut la cruauté de le promener par toute la ville, précédé d'une musique militaire, pour le montrer à cette foule qu'il avait fait trembler si longtemps et qui l'avait vu entrer triomphant l'année d'auparavant. Il marchait au milieu du cortége, au bruit des fanfares, ferme sans effort, l'œil assuré, ni arrogant, ni abattu, le bras en écharpe et la tête enveloppée de linges. Un coup de sabre lui avait coupé trois doigts de la main. Il portait une veste de drap gris toute souillée du sang de ses blessures, qui coulait encore. Il dit à un officier, à propos de ces retards indignes : « Monsieur, si je vous avais pris, je vous aurais fait fusiller sur-le-champ. » Sa sentence fut prononcée aux cris de *Vive la République!* Il demeura calme, marcha au lieu du supplice, où cinq mille hommes s'étaient formés en bataillon carré, ne voulut point se mettre à genoux ni qu'on lui bandât les yeux, dégagea des linges sa main sanglante, commanda le feu et tomba en criant : *Vive le roi!*

Ainsi se clôt cette royale épopée, par la mort du dernier capitaine de la Vendée et de l'un de ses plus grands hommes. L'enthousiasme fermenta longtemps, et il y eut encore des prises d'armes, mais ce fut sans union et sans suite, et les vétérans des vieilles bandes durent bien souvent depuis 93 invoquer la grande ombre de Cathelineau. Nous n'avons voulu réunir, sous un même et rapide coup d'œil, que l'ensemble magnifique de ces événements, et nous en avons dit assez pour faire connaître les hommes de cette province, que Napoléon appelait un *peuple de géants*, lui qui demanda et obtint l'honneur de verser quelques gouttes de ce sang généreux pour la gloire de son empire. En effet, il fit entrer le plus jeune des Larochejaquelein dans son armée, et le soir de la bataille de la Moskowa, on retrouva ce digne frère de Henri haché de coups sous des monceaux de cadavres.

Et tandis qu'on a vu comment finissaient les généraux républicains, on voit, dans le cours de la guerre, les officiers royalistes tomber ainsi l'un après l'autre, avec la même gloire, sur le champ de bataille ou sur l'échafaud. D'Elbée, blessé à mort, est arraché de son lit et fusillé dans son fauteuil à Noirmoutiers, avec sa femme et deux mille Vendéens. Talmont, arrêté à Laval, jette son bonnet en l'air au premier interrogatoire, en disant : « Je suis le prince de Talmont, quatre-vingt-huit combats avec les bleus ne m'ont pas effrayé, je saurai mourir comme j'ai vécu. — Tu es un aristocrate, dit le représentant, et je suis un patriote. — Fais ton métier, je fais mon devoir. » Et le représentant ordonne le supplice. Stofflet tombe comme Charette en criant : *Vive le roi !* Henri de Larochejaquelein veut sauver un soldat qui le perce au front d'une balle. La Cathelinière, avant d'expirer, est traîné dans tout Nantes, attaché sur un cheval. Ils subirent tous le même sort, comme on les avait vus d'un même courage se succéder jusqu'à la fin au commandement fatal de l'armée, et promener généreusement dans trois provinces cette phrase de la proclamation qu'ils adressaient aux villes assiégées : « Nous ne venons point pour conquérir des villes, mais des cœurs. »

Maintenant, on le sait, pour bien des gens encore quand toutefois on ne dit rien de pire, les Vendéens furent des *fanatiques*. Dans ce siècle lâchement sceptique et superficiel, on a trouvé des mots pour dégrader toute grande chose : la religion n'est qu'hypocrisie ; les plus antiques vérités sont des paradoxes ; l'honnêteté, sottise ; la fidélité, folie, entêtement, fanatisme. Les républicains aussi furent des fanatiques, et ils se baignèrent dans le sang ; fanatiques si l'on veut, les Vendéens pardonnaient à leurs ennemis. On a dit encore que des divisions entre les chefs perdirent les royalistes, qui peut-être auraient pu rétablir la monarchie et sauver la France. Mais il leur était donné de prouver par là même l'excellence de leur cause: il fallait un roi parmi eux.

L'esprit de parti a de plus affecté de rabaisser les exploits des Vendéens; tantôt on les a confondus avec les chouans, qu'à leur tour on confondait avec des voleurs de grand chemin; tantôt on les a peints comme un ramas de bandits isolés, tirant traîtreusement parmi les fossés et les haies. Mais l'esprit de parti est aveugle: il ne voit pas que mépriser le vainqueur, c'est doublement rabaisser le vaincu. Eh quoi! quelques assassins à l'affût auraient tenu la République en échec! Quoi! la guerre aurait si longtemps duré contre d'obscurs partisans! Mais pourquoi donc alors ces cris de fureur et d'épouvante jusque dans le sein de la Convention? pourquoi ce tocsin continuel dans une moitié de la France? pourquoi ces levées en masse et ces vains décrets d'extermination contre tout un pays? pourquoi ces milliers de soldats et ces meilleurs généraux de la République poussés sur cette terre en feu qui les dévorait comme un gouffre? Oui certes, le Vendéen cacha son fusil dans ses sillons et attendit les bleus au passage; mais ce fut quand la guerre devint un massacre, quand il fut traqué comme une bête féroce, quand il eut vu sa femme outragée sur les débris de sa chaumière fumante, et le cadavre de ses enfants sur la pointe des baïonnettes. Que répondre enfin à l'histoire qui attestera la prise de tant de villes, le gain de tant de batailles, la conquête de huit cents lieues de pays? Et si l'on ne parle plus aujourd'hui que de cette République terrible qui, épuisée d'hommes et d'argent, déchirée au dedans, assaillie au dehors, lâcha quatorze armées sur ses frontières, battit les meilleurs soldats du monde et fit trembler l'Europe, que dire de cette armée de paysans, sans armes, sans pain, sans discipline, qui fit trembler cette République elle-même, défit ses bataillons vainqueurs, brava ses échafauds, fatigua sa rage, et qui, réduite à une poignée de fugitifs commandés par un héros, lui dicta des conditions et lui imposa une capitulation honteuse?

Enfin on a fait aux Vendéens le reproche d'avoir soulevé une guerre civile; on les appela des rebelles. Un grand homme a répondu d'avance à ces lieux communs de la haine et de l'ignorance : la guerre civile, dit Pascal, est le plus grand des maux ; mais il dit aussi qu'elle est une suite de la révolte contre le pouvoir, et que cette révolte, dans un État où la puissance royale est établie, est le plus grand des crimes, un attentat sur Dieu même. Or qui s'était d'abord révolté contre la puissance établie? qui commit ces premiers sacriléges contre la majesté divine et royale? qui rompit le pacte fondamental de l'État? qui bouleversa le royaume pour l'inonder de sang et le livrer à d'effroyables calamités? Non, les Vendéens ne se révoltaient point ; ils donnèrent au monde le plus pur et le plus rare exemple de fidélité : ils entreprirent de défendre le pouvoir contre la révolte. Au reste, il n'est pas inutile de remarquer en quel concours étrange quatre de leurs chefs les plus redoutables purent juger l'œuvre nouvelle : Charette, Marigny, Lescure, Larochejaquelein, assistaient aux massacres des Tuileries, le 10 août; ce fut dans ces vapeurs sanglantes qu'ils respirèrent la haine de cette République qu'ils voyaient ainsi dans son berceau et qu'ils mirent ensuite à deux doigts de sa tombe.

LE MARQUIS
DE LA CHARNAYE

LE MARQUIS
DE LA CHARNAYE

Marie-Athanase-Chrestien, marquis de la Charnaye, capitaine au régiment de Flandre, quitta le service en 1782, après la mort de sa femme, qui lui laissait deux enfants à élever. On lui apprit subitement cette nouvelle à Perpignan, où il était en garnison. Il revint en hâte à sa terre de Vauvert, en Poitou, et trouva le pays désolé de la mort de la marquise, qui s'était fait adorer. Il avait alors quarante-cinq ans ; ses enfants étaient fort jeunes, son fils avait dix ans, sa fille huit; le soin de leur éducation, la surveillance de ses propriétés, le retenaient impérieusement : il régla sa sortie du corps avec le ministre, et se retira définitivement, après vingt-cinq ans de service, avec sa croix de Saint-Louis et sa pension de retraite d'environ six cents livres. Il remit ordre à ses affaires, prépara son fils aux études de l'École militaire, et reprit peu à peu le train de vie des gentilshommes poitevins, hommes pieux et simples pour la plupart, gens de la vieille roche, vrais campagnards et grands chasseurs.

Le château de Vauvert, dont on ne voit presque plus rien aujourd'hui, était situé au milieu de cette partie du Poitou qu'on appelle le *Bocage*, à cause, comme on sait, des grands bois qui la couvrent. Le domaine était en outre environné d'un parc considérable, et c'était après avoir cheminé longtemps dans des bois perdus, au milieu des solitudes les plus sauvages, qu'on se trouvait tout à coup devant la grande porte, toujours ouverte. Au pied du mur, les vieux fossés tout éboulés et embarrassés d'herbes aquatiques, n'étaient plus que des flaques d'eau croupie où barbotaient des oisons et des canards ; on les avait tout à fait comblés par une chaussée devant la herse. La cour où l'on entrait d'abord, avec ses hangars, des charrettes acculées çà et là, et son attirail de travaux champêtres, avait quelque apparence d'une grosse ferme. Il restait de l'ancien château une aile ruinée qu'on n'habitait plus, et séparée des bâtiments neufs par une porte en arcade menant aux basses-cours, rejetées sur les derrières, du côté du jardin. Il y avait là une grosse tour flanquée de sa tourelle où tenait encore un gros pan de mur à demi démoli. On montrait au pied de cette tour une porte basse donnant sur des souterrains qui avaient été, disait-on, la prison seigneuriale, où l'on voyait encore de gros anneaux de fer scellés dans les voûtes et les piliers. Le marquis, sans avoir ce que l'on appelait alors des préjugés, plein de respect pour le passé, n'avait point voulu qu'on touchât à ces vestiges; ils servaient, pour le présent, de granges, d'étables et même de colombier. La paille paraissait à travers les meurtrières, des touffes d'herbes couronnaient les remparts rongés de mousse, et des pigeons se jouaient sur les débris des créneaux.

Le château neuf, bâti au commencement du siècle par l'aïeul du marquis, Antoine de la Charnaye, était un solide bâtiment de pierre, à deux étages, fort simple, composé d'un corps de logis à cinq fenêtres de façade et de deux pavillons carrés en saillie, le tout couvert d'ardoises, la girouette au pignon, et dans le goût de ce temps-là. Un perron de dix degrés montait de la cour dans le vestibule, et descendait par dix autres marches dans un jardin à la française moitié potager, moitié d'agrément, clos de haies vives et bordé de chaque côté de deux avenues de tilleuls taillés en voûte. Ensuite venait le parc, qui s'étendait au loin, et qui, débordant les ailes du château, l'enveloppait pour ainsi dire jusqu'aux fossés.

Le village ou plutôt la paroisse de Vauvert était à deux portées de fusil de là; ce n'était qu'une réunion de fermes éparpillées dans l'espace d'une demi-lieue, vivant du château et relevant toutes autrefois du domaine. La famille de la Charnaye, depuis longtemps vouée à l'état militaire, non-seulement n'avait pu améliorer et accroître ses propriétés, mais encore s'était vue forcée de les vendre pièce à pièce pour se soutenir au service. C'était d'ailleurs un usage presque général parmi les gentilshommes poitevins, de partager les revenus d'une terre avec le métayer, et de n'en jamais augmenter le fermage, bien que le temps et la culture en eussent souvent décuplé la valeur.

Le marquis, à cause du triste événement qui le ramenait, ne fut point fêté comme à l'ordinaire; mais ce morne accueil ne prouvait que mieux le profond attachement qu'on portait à sa maison. Ses paysans, à vrai dire, ne l'avaient jamais perdu de vue. Outre les congés de semestre, à moins qu'il ne fût en campagne, il n'avait jamais manqué de venir passer un mois, ou deux à Vauvert au temps des moissons. Il comptait des frères de lait parmi les paysans de son âge, et l'on se souvenait encore de l'avoir vu tout enfant. La douleur de sa perte un peu apaisée, et tout à fait remis au train de gentilhomme campagnard, il reprit les habitudes de famille : il visita ses paysans, renouvela les baux de ses fermes, selon l'usage, et but le coup de vin dans chaque chaumière. Il était de toutes les fêtes de ces braves gens : il assistait aux mariages, il tenait les enfants sur les fonts baptismaux avec quelque bonne femme du pays, et ne dédaignait pas de s'asseoir à leur table. Son fils jouait fraternellement dans les pacages avec les plus humbles enfants de la paroisse, qui l'appelaient tout simplement M. Gaston, sans oublier jamais le respect dû à M. le chevalier.

Gaston, élevé durement, leste, fort, d'une adresse singulière à manier les armes et les chevaux, était à quinze ou seize ans un des plus hardis chasseurs de la contrée : un peu rude, farouche, emporté, à cause de ces exercices continuels et de sa vie passée dans les solitudes, mais d'une extrême bonté naturelle, ouvert, prompt, généreux, et contenu par la sévérité du marquis son père, qu'il aimait et respectait par-dessus tout. Connu et adoré dans les environs, quand il passait au galop à travers buissons et halliers, levant sa belle tête blonde, les cheveux au vent et appelant chacun par son nom, il lui suffisait d'un signe pour faire abandonner les travaux et emmener la jeunesse dans les bois. C'était là sa plus grande équipée. Le pays est très-giboyeux ; tous y sont adroits et passionnés pour la chasse.

Quant aux chasses du marquis, c'était une fête de famille entre la paroisse et le château ; le jour une fois fixé, le curé en avertissait au prône, donnait le rendez-vous, et chacun s'y trouvait avec son fusil. Les jours suivants, le gibier se mangeait en commun dans toute la paroisse, au choc des verres vidés à la santé de M. le marquis et de M. Gaston, qui tenaient tête et faisaient raison. Le moment vint pour le jeune homme d'entrer à l'École militaire ; ce fut une perte véritable pour le pays. Mais les fêtes reprenaient quand il revenait aux vacances ; on s'émerveillait de son joli uniforme et de le voir chaque année plus grand et plus fort.

Le château demeura assez triste. Le marquis passait son temps à lire. Les domestiques étaient peu nombreux : c'étaient un vieux garde-chasse, aujourd'hui

concierge, le garde-chasse qui lui avait succédé, et
Paulet le jardinier. Mademoiselle Thérèse-Élisabeth de
la Charnaye n'avait auprès d'elle qu'une fille de dix-
huit ans, sa sœur de lait, qu'on appelait Colombe, et
une vieille femme de chambre de sa mère, qui restait
dans la maison sans s'occuper à rien. C'était là, avec
les gens qui travaillaient aux champs et faisaient les
gros ouvrages, tout le service du château ; au reste,
tous les paysans de la paroisse étaient, par attachement, les serviteurs de M. le marquis.

89 arriva. Jusqu'alors les rumeurs révolutionnaires
n'avaient point pénétré dans ces campagnes, le marquis était informé de ce qui se passait par les gentilshommes ses voisins qui recevaient des feuilles publiques. On le voyait parfois hausser les épaules, et,
quand on le questionnait, il donnait en termes vagues,
avec impatience, quelques mauvaises nouvelles qu'il
n'achevait pas. Le bon sens de ces gentilshommes ne
les trompa guère sur la portée des prétendues réformes
du jour, non plus que les paysans ne se laissèrent
abuser plus tard. Des émissaires sinistres se montrèrent dans la province, essayant de répandre je ne sais
quelles opinions inouïes sur les prêtres et la noblesse.
Ils furent forcés de disparaître ; on leur eût fait un

mauvais parti. La constitution civile du clergé fut le premier événement qui ébranla le pays. Le refus de certains évêques à prêter le serment donna l'alarme ; les curés en parlèrent au prône ; les esprits s'échauffèrent, et l'agitation commença de s'étendre. Quelques jours après, le bruit courut que les paysans de Challans, dans le Bas-Poitou, s'étaient révoltés ; il y eut ailleurs d'autres séditions aussitôt réprimées. Ce furent de simples accidents qui ne troublaient pas encore toute la province ; les gentilshommes, s'affligeant avec les paysans, cherchaient plutôt à les contenir. Cependant les événements se succédaient à Paris et retentissaient coup sur coup dans ces campagnes ; la fuite du roi à Varennes répandit la stupeur ; les honnêtes gens s'indignaient du traitement fait au roi ; les paysans n'y pouvaient pas croire. Le marquis, hors de lui, résolut d'aller à Paris pour s'assurer par ses yeux de l'étrange état de la France ; son fils, sorti de l'École, s'y trouvait en ce moment avec son brevet de lieutenant : cette circonstance acheva de le décider. Il prit des dispositions pour la sûreté de sa maison et de sa fille, qu'il pouvait laisser sous la garde de ses gens, et partit seul. Le dessein en fut pris et exécuté du soir au matin.

Il arrive, et trouve la capitale dans le délire de l'effervescence où elle était alors. Gaston le met au courant, lui apprend des détails horribles qu'il ignorait, et le consulte sur le parti qu'il doit prendre. On formait alors la garde constitutionnelle que l'Assemblée nationale prétendait affecter à la défense du monarque ; des officiers poitevins, et notamment M. Henri de Larochejaquelein, du même âge que Gaston, lui proposèrent d'y entrer avec eux. Le marquis y consentit, mais il voulut voir le roi et lui demander lui-même la faveur de mettre son fils à son service. Louis XVI les accueillit avec son extrême bonté, parla des affaires présentes, parut rassuré sur ses dangers, et permit au jeune officier de rester auprès de sa personne. Or, en ce moment, le roi était déjà prisonnier dans les Tuileries. Le marquis sortit du château, dévorant ses larmes. Gaston fut incorporé.

Dans le même temps, le marquis passait un soir dans la rue de l'Université, où il demeurait, en habit bourgeois fort simple, car il y avait déjà grand péril pour les *aristocrates*, quand il fut reconnu et accosté par un homme qui l'avait suivi ; c'était son ancien sergent au régiment de Flandre, du nom de guerre de la Verdure, qu'il avait obligé autrefois et qui lui était très-attaché ; il l'avait eu d'abord pour domestique , et l'avait souvent mené à Vauvert dans ses semestres. Cet homme lui montra une grande joie de le revoir, et lui demanda la permission de s'informer de M. Gaston, qu'il avait vu tout enfant, et à qui le premier il avait appris l'exercice. Puis, le marquis l'interrogeant sur son compte, il dit que, sa compagnie étant désorganisée, il se trouvait pour le moment sur le pavé, sans grade et sans ressources. Le marquis fut touché, s'en prit à la Révolution qui portait préjudice à tout le monde, et lui glissa deux louis dans la main ; mais, faisant réflexion qu'il avait besoin, pour son séjour à Paris et son voyage, d'un homme sûr, qui d'ailleurs ne lui serait pas inutile dans sa terre, il lui proposa de le reprendre à son service. La Verdure dit qu'on lui donnait l'espoir d'entrer dans des bataillons de nouvelle levée où les anciens soldats avanceraient rapidement, et qu'il voulait encore tenter la fortune ; mais qu'il avait un frère, honnête garçon, dont la position n'était pas meilleure, et qu'il serait content de présenter à M. le marquis.

Il le lui amena le lendemain ; c'était son frère aîné, un peu mûr déjà, d'un air simple et dur, mais franc et honnête. Cet homme s'appelait Mainvielle, qui était le nom véritable de la Verdure. Il ne déplut pas au marquis, lequel d'ailleurs le prit de confiance sur les recommandations de son ancien sergent. Et, en effet, durant son séjour à Paris il n'eut qu'à se louer de ce Mainvielle, dont la prudence et la discrétion le détournèrent de tout accident, et lui sauvèrent la vie en plusieurs occasions où, indigné de ce qu'il voyait, il s'était laissé emporter.

M. de la Charnaye passa trois mois à Paris, après quoi des lettres alarmantes le rappelèrent dans sa province. Gaston, à son départ, s'efforça de le rassurer, et lui jura qu'ils défendraient le roi, lui et ses amis, jusqu'à la dernière goutte de leur sang. Il fut convenu qu'il lui écrirait régulièrement ce qui arriverait. Le marquis trouva les provinces plus émues, et surtout le Bas-Anjou et le Poitou, où les paysans gardaient leurs curés et assistaient aux offices le fusil à la main. On apprit bientôt les événements du 10 août. Gaston assista, dans cette journée, à la prise et aux massacres du château ; il se battit tout le jour à côté de MM. Marigny, Larochejaquelein et Charette, singulier hasard qui réunit sur ce théâtre les plus illustres chefs de la Vendée. Quand il vit tout perdu, Gaston, désespéré, son épée brisée, séparé des siens, imagina de se mêler aux égorgeurs : il ramassa un coutelas, poignarda six ou sept hommes dans cette foule ivre de vin et de carnage, s'affubla d'un bonnet rouge, et s'échappa couvert de sang par la grille du pont Royal. Le roi prisonnier, il n'avait plus qu'à rentrer dans sa famille; mais il se cacha dans Paris avec des gentilshommes qui entretenaient encore des intrigues dans l'espoir de délivrer Louis XVI.

Les récits de cette journée accroissent le trouble dans les provinces de l'Ouest; les règlements administratifs trouvent partout de la résistance; on s'ameute, on insulte le nouveau régime. Le général Dumouriez, commandant à Nantes, entre dans le Bas-Poitou à la tête du régiment de Rohan et des gardes nationales. Enfin vint le jour où l'on se dit avec épouvante dans les campagnes : *Le roi est mort!* Cette nouvelle tomba dans le pays comme un coup de foudre : pour en comprendre l'effet, il faudrait se représenter l'idée de grandeur et de vénération inexprimable qu'attachait alors à la royauté le peuple des champs et des provinces. Deux mois après, l'Anjou, le Poitou et une partie de la Bretagne étaient en pleine insurrection ; mais les partis ne se connaissaient point, la ligue n'eut point de chef. Tout rentra dans un calme apparent.

Ce fut Gaston, parti de Paris à travers mille dangers, qui confirma à Vauvert le bruit du supplice de Louis XVI. Le marquis l'embrassa sans parler. Ce qu'il ne pouvait concevoir, c'est qu'il ne se fût point tiré un coup de fusil dans un pareil jour; il lui échappa de dire qu'il avait honte d'être Français. Jusqu'alors la paroisse était tranquille; elle était des plus écartées, et les agents du gouvernement l'inquiétaient peu. On essaya d'arracher le banc seigneurial de l'église, il fut replacé aussitôt; le curé disait toujours la messe, et les paysans en armes entouraient l'autel. Bien des gens encore ne croyaient pas à la mort du roi; il ne fallait qu'une étincelle pour mettre le pays en feu.

La Convention annonce pour le 10 mars la levée en masse de trois cent mille hommes. On sonne le tocsin. Les paysans s'arment, s'assemblent, et chassent les maires et les gendarmes; neuf cents communes se soulèvent sous M. d'Elbée. Le 11 mars, les jeunes gens convoqués à Saint-Florent pour tirer à la milice dispersent les autorités; Cathelineau se met à leur tête et emporte Jallais, Chemillé, Chollet. On arrache Bonchamps et d'autres anciens officiers de leurs châteaux; on les prend pour chefs. La Basse-Bretagne et le centre du Bocage se soulèvent à leur tour. On s'empare en cinq jours de Vihiers, Challans, Machecoul, Légé, Palluau, Saint-Fulgent, les Herbiers, la Roche-sur-Yon, et l'insurrection victorieuse s'étend dans toute la province.

Comme on prenait les armes de toutes parts autour de Vauvert, la paroisse était dans une grande fermentation; mais le marquis refusait de se prêter à de misérables tentatives, qui ne pouvaient qu'aggraver les maux du pays. Gaston, que ces rumeurs de guerre faisaient bouillonner, était allé à Clisson, chez M. de Lescure, voir où en étaient les choses. Il avait assisté, chemin faisant, aux armements de plusieurs paroisses, qui l'avaient rempli d'impatience et d'enthousiasme. Il rencontre en revenant une troupe de ses paysans armés de pioches, de fourches, qui couraient à Vauvert, fuyant les recruteurs. L'un d'eux lui dit : « Est-il bien vrai, monsieur Gaston, que nous ne marcherons pas avec nos frères de Clisson? — Oui, oui, mes amis, dit Gaston, nous marcherons. » Les paysans poussent des cris de joie, entourent le cheval, et arrivent, menant Gaston en triomphe.

Cependant les gens de Vauvert s'étaient rassemblés en tumulte dès le matin dans la cour du château. Le marquis demande ce que c'est. Une députation des plus notables monte auprès de lui. On lui expose comme quoi les paysans sont résolus à mourir en combattant plutôt que de quitter leurs femmes, leurs enfants, leur pays, pour obéir à la loi de la conscription. Ils font valoir l'exemple des paroisses voisines, leurs succès, la nécessité de les seconder, et ils pressent le marquis de se mettre à leur tête. Le marquis hausse les épaules en disant qu'il se ferait conscience de mener à la boucherie de pauvres gens sans armes et sans discipline : quoi qu'on pût ajouter, il demeura inébranlable. Les paysans reviennent tristement porter sa réponse, qu'on accueille avec des vociférations ; le désordre redouble. Les plus hardis disent qu'on a bien forcé MM. Bonchamps et Charette à prendre les armes, et qu'on saura bien contraindre le marquis à marcher. Ces hommes, qui l'adoraient, ne le connaissaient plus et n'étaient plus maîtres d'eux-mêmes. Ils s'écrient qu'ils ne sortiront pas du château que le marquis ne soit avec eux. On met le feu à une charrette de paille, des furieux s'emportent jusqu'à commettre quelques dégâts, et par intervalle les cris reprenaient comme une tempête : « Monsieur le marquis ! monsieur le marquis ! »

Le marquis se mit à la fenêtre, pâle de colère. Un

acclamation s'éleva, on jeta les chapeaux en l'air, les paysans agitèrent leurs fourches. M. de la Charnaye les regardait fixement, prenant en pitié cette multitude impuissante. Mais il était livré à d'étranges combats. Cette fureur, cette indignation, qui répondaient si bien à la sienne, l'échauffaient par degrés, et il avait peine à se contenir. Les paysans étaient si transportés, qu'ils ne s'intimidaient pas de ce regard et de ce silence, mais ils criaient toujours : « Monsieur le marquis, ne craignez point, nous nous battrons bien. Tue les bleus! tue! marchons! »

Ces cris se répandaient et formaient une grande clameur. Des femmes circulaient dans la foule, élevant sur leurs bras de petits enfants qu'elles montraient au marquis. « Ils brûlent nos moissons! ils ont tué le roi! » cria par-dessus les autres un paysan exaspéré.

Le marquis tressaillit à cette parole et disparut; la corde sensible avait vibré. Il était monté dans les combles du château, et reparut, toujours courant, les bras chargés de fusils, de pistolets, de vieilles armes de toute espèce, qu'il jeta au milieu des paysans étonnés. « Prenez ceci du moins, butors! et allons nous faire tuer; cela sera bientôt fait. »

Les domestiques apportèrent aussitôt un faix de

vieux harnais et de tout ce qu'il y avait au château d'armes de chasse. Les paysans se jettent là-dessus, poussant des hourras et baisant les mains de M. de la Charnaye, qui leur rendait des bourrades. Mademoiselle Thérèse, derrière son père, supportait à elle seule les excès bruyants de cette joie.

A ce moment même Gaston entrait dans la cour à la tête de la troupe qu'il avait rencontrée. On se retourne, on court à lui, on le salue de grands cris, on tombe dans les bras les uns des autres ; son arrivée met le comble à cette scène d'ivresse et d'enthousiasme. Les sentiments, les bruits, se confondent et s'accroissent, on brandit les armes, on crie de toutes parts : *Vive M. Gaston! vive M. le marquis!* Il n'y avait plus moyen de contenir cette foule exaltée. Gaston embrassa son père et lui donna, de la part de M. de Lescure, des nouvelles et des instructions qui achevèrent de le décider. Le marquis annonça qu'on allait partir pour se joindre au corps de M. de Larochejaquelein. Il prit quelques dispositions avec sa fille et les principaux d'entre les paysans, monta à cheval, et l'on quitta Vauvert aux cris de *Vive le roi!* au milieu des femmes et des enfants, qui accompagnèrent les paysans jusqu'à plus de deux lieues.

Le général républicain Marcé s'était avancé à la tête de forces considérables, et venait d'être battu. A dater du 13 avril 1793, les chefs poitevins se réunissent, et les divisions d'Elbée, Stofflet, Cathelineau, Bérard, forment la *grande armée catholique et royale* d'Anjou et Haut-Poitou. Le marquis de la Charnaye, à la tête de sa paroisse, fut accueilli avec les égards qu'on lui devait. Chemin faisant, de vieux officiers, des gentilshommes des environs, M. de Vendœuvre, son beau-frère, et M. de Châteaumur s'étaient joints à lui. En sa qualité d'ancien capitaine, et tant à cause de son âge que de son mérite bien connu, il aurait pu commander ce que l'on appelait une division ; mais les paysans du canton avaient élu le digne Lescure ; il se rangea modestement sous ses ordres. Au reste, cette espèce d'organisation et surtout le nombre des combattants, là où il n'avait cru trouver qu'une mutinerie d'enfants, commencèrent de l'étonner. Il essaya plus sérieusement de mettre quelque discipline dans sa troupe ; mais il manquait de patience : ce défaut venait de ses habitudes militaires prises dans l'extrême régularité de l'ancien service, et, dès qu'il s'agissait de manœuvres, il s'emportait jusqu'à la violence.

Après la première organisation de l'armée, les Vendéens marchent sur Beaupréau ; les républicains leur opposent six mille hommes. C'était la première fois que M. de la Charnaye se trouvait en face des *jacobins*, comme il les appelait. Il s'élança comme un lion à la tête de ses paysans, qu'il avait inutilement voulu dresser à des semblants de tactique. Ces hommes étaient pleins de courage, mais il était impossible de leur faire entendre un commandement. « *Égaillez-vous, mes gars !* » criait M. de la Charnaye, qui s'y était habitué. C'était leur seule manœuvre, qui consistait à s'étendre, à déborder les ailes des bleus et à tomber sur eux comme la foudre. Les républicains furent écrasés. On chante le *Te Deum* sur le champ de bataille, on tient conseil, et l'on marche sur Thouars. L'armée était enflammée de ces premiers succès, et le marquis, voyant la guerre commencer ainsi, ne désespérait plus de la France.

Quétineau défendait Thouars avec une armée. On connaît les détails de cette journée : Bonchamps presse la ville de front, tandis que Lescure remonte la rivière pour tomber en flanc sur l'une des portes. Les troupes qui défendaient le pont sont culbutées. On se battit tout le jour. Lescure attaque la porte avec furie. Larochejaquelein escalade la muraille sur les épaules d'un paysan, et pénètre tout seul dans la ville ; Lescure fait un effort, la porte cède, le marquis s'avance l'épée à la main. A ce moment on entend partout les cris : *On se rend ! on capitule !* Il y avait là une pièce de canon chargée à mitraille, deux canonniers en fuyant y mettent le feu : M. de la Charnaye roule à cinq pas, fait un tour sur lui-même, et tombe le visage contre terre, un éclat de mitraille l'avait frappé à la tête. On court, on le relève, il avait le visage couvert de sang ; on l'emporte, le croyant mort ; ses paysans s'arrachent les cheveux autour de lui. Cela ne fut pas remarqué tout d'abord, au milieu d'une si belle victoire et de tant d'autres pertes. M. de Lescure ne sut l'événement que le lendemain. Gaston s'aperçut le premier que son père donnait quelques signes de vie. On pose un premier appareil sans visiter la plaie ; on fait chercher un médecin dans la ville, mais les habitants avaient pris la fuite, et l'armée n'avait ni bagages ni chirurgiens. Gaston, sur le soir, se procure un mauvais chariot, y fait placer son père, bien enveloppé, et le ramène à Vauvert avec quatre ou cinq de ses hommes, qui suivaient consternés.

Un chirurgien fut mandé à Bressuire, et arriva au château en même temps que le convoi ; Gaston avait pris les devants pour préparer sa sœur, qui montra d'abord un courage surprenant, et s'écria seulement : « Où est-il ? » Elle prit la main de son père, qui pendait hors du manteau, et la couvrit de baisers. On porta le marquis dans son appartement ; il avait repris toute sa connaissance ; il appelle sa fille et la serre dans ses bras. On lève le premier appareil posé sur le front et les yeux. Le médecin examine la blessure, paraît surpris, hausse les épaules : la plaie n'était rien ; l'éclat de mitraille, rasant le visage, avait entamé le nez à la naissance du front, les cils étaient brûlés, les paupières légèrement offensées, mais le globe de l'œil était fixe, éteint. Le marquis s'agite, passe les mains sur sa figure, bat l'air de ses bras : « Je veux voir mes enfants ; je n'y vois pas. » Il pousse un grand cri ; il était aveugle. Gaston prend au collet le médecin, qui demeure muet. Mademoiselle de la Charnaye, épouvantée, ne devinait pas encore. Ce fut un moment déchirant. Le marquis se remit à crier en bondissant sur le lit : « Monsieur le médecin, suis-je donc aveugle ? » Déjà égaré par la fièvre et l'irritation du voyage, il s'arrache les cheveux, se déchire le visage. Sa fille se jeta sur lui, et parvint à le calmer en lui parlant de Dieu et de sa mère morte ; il tomba dans un silence stupide.

Une fièvre cérébrale se déclara à la suite de ce profond désespoir. Le curé de la paroisse était arrivé, et la religion acheva de contenir le marquis. Cependant, quand il songeait à la guerre, à ses espérances, et qu'il avait perdu la vue en un tel moment, après une victoire, il lui prenait des accès si violents, qu'il fallait le surveiller sans cesse et de très-près. Sa fille ne le quitta point d'une minute. « Ayez pitié de moi, mon enfant, lui disait-il, je perds la raison ; c'est que véritablement, mon Dieu ! ce malheur était au-dessus de mes forces. »

Le septième jour, il dit à Paulet, l'homme qui le veillait, d'aller chercher son fils, et, s'adressant à Gaston : « Monsieur le chevalier, Dieu ne m'a pas fait la grâce de le servir plus longtemps ; je vais garder la maison comme une femme. Vous n'avez plus rien à faire ici. Allez retrouver M. de Lescure, et tenir ma place à l'armée. » Il prit la tête de son fils dans ses mains, et l'embrassa, s'efforçant de cacher l'altération de ses traits. Il reprit d'un ton ferme : « Partez, que mon nom ne s'efface point d'entre ceux de ces braves gens. — Je n'osais partir sans votre congé, dit le chevalier, mais j'en étais impatient. » Il fut convenu qu'il écrirait le plus régulièrement possible ce qui se passerait, et le lendemain, au point du jour, il monta à cheval sans avertir sa sœur, et s'en retourna avec les hommes qui avaient accompagné le marquis.

La fièvre de M. de la Charnaye dura trois semaines avec quelque danger; dans ce premier temps, sa fille s'employa à le soulager avec une piété angélique. Mademoiselle Thérèse de la Charnaye, alors âgée de dix-sept ans, était pour l'extérieur une femme faite, d'une taille élevée comme son frère, blonde et délicate, avec des yeux d'un bleu céleste et d'une douceur extrême. D'une grande timidité par suite de sa vie retirée, mais établie de bonne heure à la tête de la maison où elle avait pris l'habitude du commandement, elle se ressentait, sous ces deux rapports, de l'isolement où l'avait laissée la mort prématurée de madame la marquise sa mère. Les gens de service, au reste, lui épargnaient les difficultés dans les soins domestiques dont elle s'était vue chargée. Les événements de la Révolution et la guerre avaient interrompu divers projets pour son établissement; il avait été question d'un cloître et d'un mariage, mais le malheur de son père lui montra son devoir. Elle se fit l'Antigone de ce pauvre aveugle, et se promit de ne le plus quitter tant qu'il vivrait.

Elle s'appliqua d'abord à l'empêcher de sentir son mal, prévenant ses besoins, devinant ses désirs dans le moindre geste, partageant ses souffrances et le faisant, pour ainsi dire, voir par ses yeux. Elle lui dérobait la longueur des journées par des occupations qu'elle variait avec un art infini, tantôt par des lectures, tantôt lui jouant de vieux airs sur le clavecin. Ce fut elle qui l'accoutuma à marcher quand il put se lever, et qui lui fit faire ses premières promenades dans le jardin au soleil du printemps, au point qu'il ne pouvait souffrir d'autres soins et ne se croyait plus en sûreté avec les domestiques.

Gaston avait organisé un service de messagers qui se transmettaient ses lettres de paroisse en paroisse, ou même, quand les communications étaient assurées, il envoyait un de ses gens, et tenait ainsi régulièrement le pays et le château au courant des opérations de la guerre. Mademoiselle de la Charnaye lisait tout haut ces lettres, qu'on recevait avec joie, mais qui ravivaient toutes les plaies du marquis. Ce récit des événements, l'inquiétude, son exaltation, son impuissance, et cette infirmité qui l'enchaînait pour jamais dans un corps vigoureux, le rejetaient parfois en ses premiers accès ; son caractère en fut changé. Cet homme si froid, si grave, si sévèrement tranquille, devint grondeur, irritable, violent. Il s'emportait sans ménagement contre ses gens et même contre sa fille. Mademoiselle de la Charnaye, la première fois, le regarda avec épouvante, comme si elle eût douté que son père fût le même homme ; mais elle s'expliquait si bien ce changement, elle était si ingénieuse à le justifier, elle se représentait si bien les chagrins du marquis et tout ce que son mal devait lui faire souffrir, qu'elle le considérait en silence et se mettait à pleurer sans avoir seulement le courage de l'apaiser. Souvent le marquis s'arrêtait lui-même, sa voix s'affaiblissait tout à coup, il passait la main sur son visage, et, poussant un soupir : « Ah ! ma pauvre enfant, pardonnez-moi, ce n'est plus votre père qui vous parle, c'est un homme que la douleur égare ; mon Dieu ! mon Dieu ! donnez-moi la patience ! Vous êtes un ange, ma fille. » Il la pressait sur son cœur, tandis qu'elle s'efforçait de l'excuser, et rejetait son humeur sur quelque juste motif qu'elle prétendait lui en avoir donné par sa négligence.

On peut juger surtout quelle influence exerçaient sur lui les nouvelles, bonnes ou mauvaises, de l'armée. Si la paroisse avait eu quelque échec, s'il était mort quelque brave homme du pays, le marquis en était si longtemps et si violemment agité, que personne n'osait plus lui annoncer rien de pareil. Au reste, toutes les forces de son esprit se concentraient sur cette guerre avec une activité incroyable : les manœuvres de l'armée royale, les décisions du conseil supérieur, ce que l'on faisait, ce que l'on eût dû faire, étaient le sujet de tous ses entretiens ; mais il n'avait plus que Mainvielle à qui parler de tout cela : des femmes ne pouvaient guère s'intéresser à la politique. Mademoiselle de la Charnaye, occupée de la maison, ne savait que s'effrayer et déplorer les malheurs publics.

Mainvielle était un assez bon homme, mais bavard, raisonneur, sottement lettré, et gagné dans le fond à la cause de la Révolution, qui venait de faire tout récemment son frère officier, de simple sergent qu'il était. Le marquis s'en était aperçu dès longtemps, et n'avait point osé se débarrasser de lui, de peur de l'avoir pour ennemi ; il le savait d'ailleurs honnête homme. Mainvielle en avait donné des preuves à Paris, où il avait tenu dans ses mains la vie de son maître ; mais il avait assez volontiers gardé son franc parler sur les événements, ce qui, trop souvent impatientait le marquis et le dégoûtait peu à peu de cet homme. Il ne pouvait s'empêcher néanmoins de l'attaquer là-dessus ; cette opposition irritait sa manie, il avait la faiblesse d'en vouloir triompher : il cherchait, comme c'est le propre des gens possédés d'une idée, à remettre sa plaie à vif par la discussion, et le silence lui était plus insupportable que la contradiction. Il s'en prenait d'ailleurs à tout le monde. Mademoiselle de la Charnaye, avec cette délicatesse exquise des femmes, éludait ses questions ou savait y répondre sans le blesser ; mais Mainvielle, grossier quoique respectueux, et gâté de pédantisme, n'était point capable de ces ménagements dans un temps où la République après tout gouvernait la France.

Jusqu'alors, il est vrai, on n'apprenait que des victoires du côté de l'armée catholique. Les généraux Salomon et Lygonier avaient essayé de couvrir Saumur d'une armée qui avait été dispersée et presque détruite. Le marquis avait fait illuminer le château et chanter un *Te Deum* dans la chapelle à cette occasion. Cependant ces victoires mêmes, en redoublant son exaltation, le replongeaient de plus haut dans son abattement par l'impuissance d'y prendre part. Mainvielle, au milieu des Vendéens, effrayé sans cesse du bruit de leurs avantages, d'imprécations et de menaces contre son parti, de vœux contraires aux siens, n'osait pas toujours se prononcer ouvertement, et peu s'en fallait souvent qu'il ne crût sa cause décidément ruinée. Le marquis, pour des raisons analogues, dans la crainte et l'incertitude, gardait la même réserve, et ils demeuraient tous deux dans une défiance irritable qui augmentait leur éloignement. Mais le marquis était devenu grand parleur, on s'abordait chaque jour d'un ton composé de part et d'autre, et les débats s'engageaient infailliblement.

— Eh bien, Mainvielle, disait un matin le marquis, qu'y a-t-il de neuf aujourd'hui ? — Je n'ai rien appris, monsieur le marquis. — Je gagerais que nos gens sont à Tours en ce moment-ci. — Cela peut être, disait encore Mainvielle modérément. — Cela doit être, puisqu'on a marché sur le ventre aux débris de la division Lygonier. — Qui est-ce qui l'a dit ? — Tout le monde sait cela ici ; c'est le fils du meunier qui en a porté la nouvelle. — Oh ! oh ! c'est donc que le fils du meunier a l'imagination prompte ? — Monsieur Mainvielle, c'est un brave jeune homme, incapable, entendez-vous, d'en imposer là-dessus. — C'est peut-être alors qu'on l'a dit pour faire plaisir à monsieur le marquis.

Mainvielle attaquait là une terrible corde : il était vrai qu'on grossissait au marquis les bonnes nouvelles, et qu'on lui dissimulait toujours un peu les désavantages. — Eh ! qui donc, reprit le marquis tout enflammé, serait assez osé pour me tromper ? Je vous prie de n'en soupçonner personne.

Mainvielle reprit d'un ton plus bas : — Il y a huit jours, la citadelle de Saumur s'approvisionnait, et le général Salomon... — Eh bien, on a culbuté le général Salomon. — Ah ! monsieur le marquis, j'ai peine à croire que des hommes comme le fils du meunier, qui n'ont jamais tiré que des lièvres, battent toujours de bonnes troupes et de vieux officiers. — Des régiments sans chefs, sans officiers ! — Il a pu s'en former, monsieur le marquis.

Le marquis pâlit ; c'était son endroit sensible. Il ne pouvait supporter cette idée que des hommes de rien, des soldats de la veille, eussent usurpé en six mois ces mêmes grades qu'il avait obtenus après vingt-cinq ans de service. Il s'écria : — Des caporaux qui ont ramassé la défroque de leurs supérieurs ! des misérables qui ont volé l'épaulette et à qui le dernier goujat devrait l'arracher de la poitrine !

Ceci, dit au fort de la colère et peut-être sans intention, tombait en plein sur le frère de Mainvielle. Mainvielle suffoqué se tut.

Le marquis reprit : — Nos paysans mal armés, mal instruits ! Je les ai vus à l'œuvre, je les commandais à Thouars, et je sais quels hommes en font la rage, le désespoir et l'enthousiasme d'une cause sainte.— L'enthousiasme de la liberté... — Oui, l'enthousiasme des égorgeurs de l'Abbaye, l'ivresse du sang et du pillage ! — Il y a eu des excès, cela est vrai, mais peut-être ils étaient nécessaires ; la cour a fait de grandes fautes. — Que Dieu les confonde ! cria le marquis ; toujours la même sottise ! Laissez-moi, Mainvielle, laissez-moi ; meure votre infâme République, et meurent ces brigands comme ils le méritent et comme je l'espère !...

Les discussions grossissaient ainsi et s'envenimaient à mesure jusqu'à provoquer un éclat. Mainvielle alors se retirait, le marquis demeurait pâle, tremblant, brisait quelque meuble et tombait en des accès qui effrayaient sa fille ; elle en avait souvent parlé à Mainvielle avec douceur en le suppliant d'avoir égard. — Que monsieur le marquis ne m'interroge pas, disait Mainvielle, je suis désolé de lui répondre, mais je suis incapable de trahir ma façon de penser.

Et mademoiselle de la Charnaye avait beau faire, ces fâcheuses scènes se renouvelaient toujours ; souvent l'effet d'une pareille conversation se prolongeait jusqu'au lendemain ; le maître et le serviteur affectaient de s'éviter, de ne parler de rien, mais ils mouraient d'envie l'un et l'autre d'en revenir aux prises, et le premier mot suffisait : c'était le feu caché du caillou, que le moindre frottement fait jaillir.

Le grand mal de cette mésintelligence était la difficulté qu'on avait à cacher les mauvaises nouvelles au marquis, parce que Mainvielle ne se faisait aucun scrupule de le détromper dans la discussion, et même s'en prévalait pour les lui apprendre, avec cette malice presque involontaire qu'aiguise l'habitude de la contradiction. Mademoiselle de la Charnaye, quoique présente, n'empêchait rien. Si elle essayait de jeter un mot dans la dispute pour l'apaiser, le marquis impatient s'oubliait jusqu'à lui imposer silence ; mais sa tendresse était à toute épreuve ; elle excusait tout, et, n'ayant plus de ressource qu'en Mainvielle : — Je vous en prie, lui disait-elle souvent, ayez pitié de mon père ! N'est-il pas assez malheureux ? Ne comprenez-vous pas ce qu'il souffre, toujours renfermé en lui-même, sans consolation, sans relâche ? Rien ne le distrait, tout concourt à lui faire sentir plus vivement son mal... Hélas ! il ne vit plus que d'espoir, pour l'amour de ses opinions, par cet intérêt qu'il prend à la guerre, et vous allez lui disputer sa chimère, le troubler dans son rêve ! vous lui dérobez ce dernier rayon de soleil qui perce dans son âme ! Eh quoi ! n'est-il pas heureux plutôt de ne pas voir ce qui se passe, les échafauds dressés, les croix renversées, la France noyée de sang ? Pauvre père ! laissons-le dans son ignorance, laissons-lui croire que tout va bien, que la France se remet, que le jeune roi va remonter sur son trône, que nos armées sont triomphantes et les méchants vaincus. Mon Dieu ! s'il ne dépendait que de moi ! il vivrait heureux, je le garderais de tous les bruits du dehors, j'empêcherais le mal d'arriver jusqu'à lui, il reposerait en paix comme les enfants qu'on berce de beaux contes.

Mainvielle était touché, approuvait, mais le lendemain il n'était plus maître de lui.

Au commencement de juillet, les armées coalisées échouèrent à l'attaque de Nantes. Cathelineau fut tué ; la désolation courut le pays. Le bruit se répandit que les bleus allaient s'avancer sans obstacle, se venger sur tous les châteaux et exercer d'horribles représailles. Les paysans, à Vauvert, se racontaient les événements en tremblant; mademoiselle de la Charnaye savait tout, sans trop se rendre compte de la gravité de ces désastres. Elle empêchait seulement que ces nouvelles vinssent aux oreilles du marquis. Une lettre de Gaston arriva. L'échec de Nantes y était peint avec la colère et la passion d'un jeune homme. Mademoiselle de la Charnaye vit l'effet que cette lettre allait produire; elle en passa la moitié et feignit que son frère n'avait pas eu le temps d'entrer en plus de détails. Le coup n'était déjà que trop rude. Le marquis demeura silencieux tout un jour. Mainvielle respecta ce silence; mais il laissait percer je ne sais quel empressement et quelle satisfaction dans son service; il se doutait d'ailleurs qu'on n'avait pas tout dit au marquis. Celui-ci brûlait en effet de dépit et de curiosité.

— Eh bien, Mainvielle, dit-il enfin avec effort, les bleus nous ont battus. — On le dit, monsieur le marquis. — Ils n'ont pas voulu m'écouter. Ils vont attaquer sans artillerie une ville qu'ils ont laissée paisiblement faire ses préparatifs. Il fallait l'emporter d'assaut après la prise de Saumur. — Mais, dit Mainvielle avec empressement, Saumur vient d'être évacué. — Ou bien il fallait se joindre à M. Charette, forcer le passage de la Loire et soulever la Bretagne, qui nous attend les bras ouverts. — Oui, mais M. Charette, battu à Nantes, s'est retiré dans le Bas-Poitou. — L'armée peut détacher deux divisions. — Elle a perdu beaucoup de monde. — On fera de nouvelles levées. — Hum! les villages sont bien déserts. — On se fortifiera et l'on se battra dans tous les châteaux. — C'est qu'il ne reste plus grand monde dans les châteaux. — Eh bien, s'écria le marquis exaspéré, ils s'arrêteront au moins devant le mien, et la dernière pierre en croulera sur ma tête avant qu'ils fassent un pas de plus.

Il donna un grand coup de sa canne sur le parquet; sa voix faisait trembler les vitres.

— De grâce, monsieur le marquis, vous ne voudriez pas exposer la vie de tous vos gens. — Tous mes gens sont résolus à mourir comme moi. — Ah! monsieur le marquis, de quelque fidélité qu'ils soient, il y en a peut-être qui n'y sont pas disposés. — Ceux-là sortiront, s'écria le marquis, comme on chasse d'une place les lâches et les traîtres avant les résistances désespérées!

Mainvielle, atteint au vif, perdit contenance. Mademoiselle de la Charnaye, qui accourait au bruit, l'entraîna vers la porte. Elle revint à son père, qui s'était laissé tomber sur un siége, et le trouva si pâle, si

hors de lui, que les larmes lui en vinrent aux yeux.
Elle s'installa près de lui sans essayer même de le calmer ; il ne dit plus une parole de toute la journée.

Le soir, comme mademoiselle de la Charnaye traversait les appartements inférieurs, elle trouva Mainvielle, qui l'attendait et la prit à part : — Mademoiselle, je vois bien que mes services ne sont plus agréables à M. le marquis ; je vous supplie de me donner mon congé. Mon frère sert parmi les bleus, la guerre devient terrible, et je vois le moment où je serais forcé de prendre les armes avec vos paysans. M. le marquis est un excellent maître, mais je ne puis lui sacrifier ma conscience. Je vais à Saumur, chez mon beau-frère, qui y est établi, et de là à Paris, pour chercher une condition. Je conserverai toujours le souvenir de vos bontés, et, si jamais je puis vous être utile en quelque chose, comptez sur Mainvielle.

Mademoiselle de la Charnaye, fort surprise, essaya de lui faire des représentations ; mais il insista, ses paquets étaient faits, il voulait partir. Au fond, elle sentit que c'était là une occasion de rétablir la paix dans la maison à laquelle elle n'eût osé songer et qui se présentait d'elle-même. Mais elle reprit : — Attendez que je consulte mon père, ou du moins que je le prévienne; je ne puis prendre sur moi de vous laisser aller.

Le lendemain, Mainvielle, en habit de voyage, se présenta chez M. de la Charnaye, qui lui dit : — Tu veux donc nous quitter, Mainvielle ? Que le ciel te conduise ! Recommande-toi de moi, s'il en est besoin. — Je vous remercie, mon cher maître ; et si j'osais... on ne sait, par le temps qui court, ce qui peut arriver... je vous prierais aussi de compter sur moi et les miens dans l'occasion. — Cela n'est pas de refus, dit le marquis ; adieu, mon ami. — Il tendit la main à Mainvielle, qui la baisa. Mainvielle partit avec trois paysans de Vauvert, qui devaient l'accompagner jusqu'à trois lieues environ du château.

D'Elbée était généralissime depuis la mort de Cathelineau, et l'échec de Nantes avait été vengé sur le républicain Westermann, qu'on venait de tailler en pièces. Jusqu'alors ces nouvelles arrivaient fort exactement à Vauvert par les soins de Gaston : quelque blessé, quelque paysan qui revenait embrasser sa femme et ses enfants, ou même des messagers directs, portaient ses lettres au château. Gaston, d'abord par plaisanterie, leur avait donné la forme d'une gazette ; il s'y habitua par commodité. Toujours pressé, dans les marches, le pied à l'étrier, il marquait les jours par dates et signalait en peu de mots ce qui s'était passé. Comme on savait au château avec quelle impatience on attendait ces papiers, c'était une joie pour tout'le monde, et le messager, dès la porte, était annoncé par des cris. Mademoiselle de la Charnaye lisait aussitôt les lettres; les domestiques écoutaient en dehors; le marquis donnait à peine le temps de parcourir le papier, et, selon qu'il jugeait les mouvements heureux ou mauvais, il frappait du pied et entrait en des agitations alarmantes ou des mouvements de joie extraordinaires pour un homme de son âge et de son caractère : encore faisait-il souvent des efforts pour se modérer, et tout autre n'y eût rien vu; mais mademoiselle de la Charnaye, accoutumée à l'étudier, suivait ses mouvements, devinait ses transports, et demeurait à l'observer, haussant les épaules d'un air de profonde et douloureuse compassion. L'effet d'une dépêche affligeante était si violent et si durable, et mademoiselle de la Charnaye l'avait éprouvé tant de fois, que l'arrivée de ces lettres lui causait des saisissements insupportables. Souvent elle passait des phrases entières, ou elle en détournait le sens à la hâte; mais souvent aussi, le marquis la pressant, elle se trouvait entraînée à lire des détails désastreux. Sa voix faiblissait, elle cherchait à dérober une ligne, un mot, sans pouvoir y réussir, et son père restait sous le coup de la fatale nouvelle jusqu'au courrier suivant.

Le château cependant était, depuis le départ de Mainvielle, dans une tranquillité inespérée, et mademoiselle de la Charnaye n'avait que plus de crainte de la troubler. Ce fut alors qu'elle s'avisa de donner des ordres afin que les dépêches fussent désormais remises sans bruit entre ses mains. Elle les ouvrait seule d'abord, et jugeait ainsi ce qu'elle devait lire ou cacher à son père ; mais elle se reprochait cette supercherie, que tous ces apprêts lui donnaient le temps de peser, et qui la faisait rougir.

Sur ces entrefaites arriva une singulière nouvelle : Mainvielle avait été pris et fusillé par les républicains, et voici comment. Il se proposait, comme il avait dit, d'aller retrouver son beau-frère à Saumur. Il s'était mis en route à Bressuire sur un cheval de louage, portant sur lui les économies qu'il avait faites au service de M. de la Charnaye. On lui avait conseillé de se déguiser en marchand de bestiaux ; mais il n'en avait voulu rien faire, se vantant de n'avoir rien à craindre de ses frères les républicains, qui hasardaient de forts détachements dans le pays. Le 17 août, il tomba dans les avant-postes d'une colonne républicaine. Cette guerre était un pillage ; on le fouilla, on lui trouva de l'or ; son costume honnête servit de prétexte, on dit que c'était un espion. Il eut beau se réclamer de son frère, officier dans l'armée : il fut fusillé le long d'une haie. Cet événement ne fut connu que bien plus tard, et fit beaucoup de bruit à Vauvert. On ne put le cacher à M. de la Charnaye, qui leva les mains au ciel et plaignit du fond du cœur son pauvre domestique. Cette nouvelle produisit une grande impression sur mademoiselle de la Charnaye elle-même : elle ne put s'empêcher de songer aux difficultés qu'avait suscitées Mainvielle dans la maison, et que désormais le repos et l'humeur de son père ne dépendaient plus que d'elle.

On reçut justement peu après deux lettres de Gaston qui annonçaient coup sur coup les batailles de Chollet, de Mortagne, de Châtillon, perdues par les royalistes, la levée en masse des républicains, le tocsin sonnant dans tous les districts autour de la Vendée, l'arrivée des Mayençais, le malheur de MM. d'Elbée, de Bonchamps, de Lescure, blessés mortellement. Gaston, désespéré, racontait ces événements dans toute leur vérité. D'affreux détails remplissaient ses lettres ; il était impossible d'en détacher une phrase qui ne signalât un désastre. Mademoiselle de la Charnaye frémissait rien qu'à l'idée de les lire telles qu'elles étaient. Mainvielle n'était plus là pour démentir des succès imaginaires ou révéler les malheurs qu'on voulait cacher. A bout de ressources et d'expédients, fatiguée de voir le journal de Gaston troubler le repos de son père, elle résolut, avec la légèreté et la sollicitude irréfléchie d'une jeune fille, de supprimer ces lettres, ou de les altérer si bien qu'il n'en sût rien de plus.

Un jour, une lettre de Gaston qu'on attendait n'arriva point. Elle n'avait pas prévu ce coup. Le marquis demanda dès le matin les nouvelles ; il fallut se résoudre à lui dire qu'il n'était rien arrivé. On se rejeta sur le mauvais état des chemins et le retard possible des messagers ; mais il entra dans une sombre inquiétude que rien ne pouvait dissiper. Deux jours se passèrent, Gaston n'écrivait pas. On parlait dans le pays de nouveaux malheurs. La situation du marquis empirait, il imaginait les plus grandes catastrophes. Mademoiselle de la Charnaye, désespérée, fut conduite par la suppression des dernières lettres à en supposer de tout à fait fausses. Elle demeura tout un jour livrée à cette pensée, qui lui donnait de grands scrupules. La semaine s'écoula, et le jour revint où arrivaient ordinairement les dépêches. Mademoiselle de la Charnaye passa la matinée dans sa chambre au milieu de papiers et de cartes géographiques, écrivant, raturant, étudiant des termes militaires qu'elle n'entendait pas. Vers le milieu du jour, elle entra chez son père en disant : « Voici nos lettres. » Le marquis se leva en sursaut. Elle tira toute tremblante un papier de son sein ; M. de la Charnaye était trop ému lui-même pour soupçonner rien à cette émotion. Il tenait sa fille embrassée, prêt à saisir, pour ainsi dire, au passage les paroles qu'elle allait prononcer. Elle lut ceci d'une voix mal assurée :

Du 22 septembre. — « Depuis l'attaque de Nantes, les armées catholiques campent sur la rive gauche de la Loire. — Plus de troupes devant nous. — La garnison, encore effrayée de cette entreprise hardie, n'a point osé quitter ses murs. Au reste, ce n'est qu'un échec peu décisif et qui a été bientôt réparé... »

— Qu'appelle-t-il échec peu décisif ? s'écria le marquis ; la guerre pouvait être finie : à quoi pensent donc ces messieurs ?

Mademoiselle de la Charnaye demeurait interdite, quoiqu'elle eût à peu près copié ce passage. — Poursuivez, lisez, ma fille, dit le marquis.

25 septembre. — « Ce fameux Westermann, qui se vantait d'écraser le Poitou avec une seule légion, a été battu à la tête d'un corps considérable. On dit que cet homme commandait les Marseillais à la journée du 10 août. Je voudrais le voir entre les mains de nos Allemands. »

28 du même mois. — « M. de Lescure n'a pas de bonheur. Voici encore deux balles qui lui sont entrées dans le corps. Je ne lui connais pas d'affaire où il n'ait reçu sa balafre. Il commande toujours, emmaillotté de compresses. »

30 septembre, 3, 6, 9, et 10 octobre. — « Nous avons battu et poursuivi pendant trois lieues, à Coron, cet abominable Santerre et ses troupes. C'est ce misérable qui a mené le roi à l'échafaud. Nous l'avons connu trop tard ; un de nos cavaliers l'a pourchassé une grande heure. Il ne s'est sauvé qu'en faisant sauter à son cheval un mur de huit à dix pieds. »

Mademoiselle de la Charnaye avait pris ce détail dans une lettre antérieure ; elle l'avait passé sous silence dans le temps où elle pouvait épargner à son père jusqu'à l'amertume d'un souvenir.

Du 10 au 20 octobre. — « Les Mayençais sont à demi détruits. — La division Duhoux a été très-maltraitée à Saint-Lambert. Cela peut passer comme une bonne déroute — M. de Lescure a fait des prodiges. Le général Beysser s'est ensuite avancé jusqu'à Montaigu, on l'a taillé en pièces. Mieskouski a été écrasé à Saint-Fulgent.1

» Les bleus sont terrifiés. La défaite de la célèbre armée de Mayence les a fort abattus. Nos gens sont électrisés. L'armée est toujours unie. Nous regorgeons de vivres et de munitions. A bientôt du meilleur. Je vous embrasse. *Vive le roi !* »

Ces notes avaient été rédigées sur des renseignements qui couraient le pays, et sur de véritables lettres de Gaston que mademoiselle de la Charnaye conservait et triait avec soin. Le marquis avait écouté avidement ; il jeta les bras au cou de sa fille. — Allons, tout va le mieux du monde ; le cher enfant, il ne dit pas un mot de lui ; c'est la modestie qui convient à un jeune officier, mais je suis sûr qu'il fait son devoir... Colombe! cria-t-il, appelez Colombe, afin qu'on aille prévenir le curé de ces bonnes nouvelles.

Ils allèrent ensuite se promener dans le mail. — Maintenant, disait le marquis se parlant à lui-même, si les chefs sont sages... J'ai grande confiance en M. de Lescure et en M. de Bonchamps... Si les chefs sont habiles et prudents, ils exécuteront promptement et hardiment leur projet d'invasion au delà de la Loire. Au surplus, s'ils veulent me faire l'honneur d'écouter l'avis d'un vieil officier, je vous dicterai des vues qui me sont venues là-dessus et que vous leur écrirez en mon nom.

Le curé vint les rejoindre ; mademoiselle de la Charnaye s'était ouverte à lui de son innocent artifice, et il était parfaitement instruit de l'étrange situation de son père. C'était un digne homme, assez simple, que les discours et l'enthousiasme du marquis étonnaient toujours. Mademoiselle de la Charnaye l'avertit d'un signe quand il arriva, car la consternation régnait dans la paroisse à cause des mauvais bruits qui étaient survenus.

— Eh bien, monsieur le curé, dit le marquis, savez-vous où nous en sommes ? Cette terrible armée de Mayence est détruite ; trois défaites coup sur coup. Qu'est-ce donc qui nous empêche de marcher sur la Convention ?

Le curé regarda le marquis ; mademoiselle de la Charnaye surveillait le curé. Après quelques mots de part et d'autre et des commentaires sur les prétendues nouvelles. M. de la Charnaye, reprenant le cours de ses réflexions : — Tout cela est bel et bon assurément; mais à quoi sert de nous épuiser dans nos provinces, où nous serons tôt ou tard écrasés ? Dans l'état présent d'anarchie et de guerre étrangère, une seule victoire sur la route de Paris nous en ouvrirait les portes. Qui sait les villes, les provinces et la quantité de bons citoyens qui n'attendent que le moment de se déclarer? Non, toute la France n'est pas ivre du sang de son roi ; non, cet excellent peuple n'est pas devenu tout à coup une horde de sauvages! Ce mouvement des fédéralistes est un premier effort vers le bien. On nous dit que nos hommes ne valent rien hors de leurs pays ; mais tant de succès les ont aguerris, ils ont une confiance aveugle en leurs chefs, ils les suivront partout à la mort.

Il s'exalta plus que de coutume par la joie des succès

qu'il venait d'apprendre et par l'espérance qu'il concevait. Le curé l'écoutait d'un air stupéfait ; il naissait de ce contraste une sorte de comique touchant qui eût fait à la fois pleurer et sourire ; mademoiselle de la Charnaye en avait l'âme brisée. Le marquis reprit : — Mais, avant tout, il faut amener la Convention à traiter, et pour première condition obtenir la délivrance de la reine et de son fils. La place du roi de France est au milieu de son armée, et, pour cela, il faut prendre Nantes. Les paysans, dites-vous, ne se battent bien que chez eux : pourquoi donc les mener en je ne sais quelles expéditions de la Normandie et du Maine ? Pourquoi s'exposer à rejoindre des secours douteux de la marine anglaise ou quelque levée promise à la légère aux environs de Laval ? Veut-on dépayser nos gens et donner à la Convention le temps de nous écraser d'armées toujours nouvelles ? Courons donc à Paris ! Mais on peut échouer ? Eh bien, la guerre sera finie pour ce malheureux pays, et vous sauvez du moins vos enfants et vos femmes, que l'ennemi qu'on y attire ne manquera pas d'égorger. Quant aux Anglais, qu'on s'en méfie ; qu'ils débarquent, s'ils veulent, de l'argent et des munitions, mais point de détour pour les prendre, l'ennemi en a fourni jusqu'ici. Au surplus, j'ai imaginé un plan de campagne ; j'y réfléchirai encore. Vous écrirez tout cela, ma fille.

Le curé haussait les épaules avec compassion et ne trouvait pas une parole ; mademoiselle de la Charnaye tremblait que cette froideur ne donnât des soupçons à son père, et s'efforça de mettre fin à cet entretien.

Cependant elle éprouvait de jour en jour plus de peine à dissimuler le terrible retard de son frère, et, n'osant plus reculer dans ses expédients, elle se trouvait entraînée à supposer de nouvelles lettres. Elle étudiait la correspondance de Gaston et les gazettes ; elle prit des informations avec les paysans ; elle passait des nuits entières à ce travail.

En lisant ensuite ces notes, il lui arrivait souvent de se tromper sur les règles stratégiques, et le marquis se récriait : — Quoi ! mon fils ne sait pas mieux la guerre ? — Ou bien il interrompait tout net : — Comment ! qu'est-ce ? mais cela est impossible ! — Et mademoiselle de la Charnaye s'arrêtait, se reprenait, et s'excusait sur ce qu'elle avait mal lu.

Le marquis devenait de plus en plus exigeant. Il ne s'inquiétait plus seulement des revers, mais il mettait son impatience et sa chaleur ordinaire à vouloir qu'on eût chaque jour de nouveaux succès. Depuis quelque temps il désirait par-dessus tout qu'on prît Nantes, disant sans cesse que c'était là le point capital de la guerre. Sa fille finit par lui annoncer que cette ville avait été prise. A quelques jours de là, comme, sur les représentations du curé, elle résistait à supposer d'autres lettres, elle se hasarda à convenir que l'on n'avait pas reçu de nouvelles, à cause, sans doute, que les communications étaient coupées. — Mais, puisque nous avons pris Nantes, dit le marquis, qu'est-ce qui empêche les lettres d'arriver, et pourquoi n'en recevrions-nous pas ! — Mademoiselle de la Charnaye faillit se trahir; elle s'en tira comme elle put, et abonda dans le sens du marquis. — Eh bien, reprit-il, vous voyez que nous ne pouvons manquer d'avoir des nouvelles demain, et sans doute nous apprendrons l'ouverture des négociations pour la délivrance de la reine et du jeune roi, car, au train des choses, il ne peut en être autrement.

Après la prise de Nantes, il parlait de cet événement comme d'une suite inévitable, et il s'y attendait si bien, que mademoiselle de la Charnaye n'osa se dérober à cette conséquence. Elle se vit donc forcée d'écrire une lettre où elle annonçait en effet ce qui avait été compté souvent par les Vendéens parmi les probabilités de la guerre, c'est-à-dire une négociation pour la délivrance du jeune roi. Sur ces entrefaites, elle reçut une lettre de son frère qui lui apprenait le passage de la Loire, et qui, pour un moment, la tira d'inquiétude, car ce passage, dont on ne savait pas les détails, paraissait de bon augure. Elle ne put cependant se servir de cette lettre qu'en y prenant des matériaux pour sa fausse correspondance. Elle reçut encore deux ou trois billets venus à travers mille périls, après quoi elle ne reçut plus rien : elle ne douta point que son frère ne fût mort.

Cependant l'agitation du marquis ne faisait qu'empirer : son imagination s'échauffait sur ces heureux événements qu'on lui annonçait coup sur coup, et qui avaient lentement élevé dans son esprit un édifice de bonheur et d'espérance qu'il fallait renoncer à détruire. Il s'occupait sans cesse de plans politiques et militaires qu'il dictait à sa fille et qu'elle ne savait ni où ni à qui envoyer. Il se croyait sûr du triomphe des royalistes. Ces papiers s'amoncelaient dans un tiroir où mademoiselle de la Charnaye ne pouvait les voir sans pleurer. Elle se trouvait désormais entraînée à nourrir ces illusions qu'elle avait fait naître. Rien n'échappait à l'inflexible logique du marquis : tel événement qu'elle avait annoncé sans y penser voulait telle conséquence ; telle manœuvre, tel mouvement dont elle ignorait la valeur, en faisaient attendre tel autre, et, pour ne pas se démentir, elle était obligée d'accorder ces conséquences dans la lettre suivante. C'est ainsi qu'elle se vit contrainte d'annoncer et de suivre les prétendues négociations au sujet de la famille royale, et de les terminer heureusement. Cette nouvelle mit le comble à l'exaltation de M. de la Charnaye. Dès longtemps les gens du château étaient prévenus ainsi que tous ceux qui auraient pu le détromper ; au reste, on ne le regardait plus que comme un enfant qu'on laisse déraisonner, et l'on haussait les épaules à l'entendre parler de choses si éloignées de l'affreuse vérité. Ses souffrances, son isolement, son idée fixe, faisaient de cet homme un fou véritable.

Voici la lettre que mademoiselle de la Charnaye fut amenée à lui lire en cette circonstance :

« Au camp de Saint-Florent-le-Vieil, le 9 décembre 1793.

« L'armée catholique et royale triomphe de toutes parts et occupe toute la ligne de la Loire depuis Blois jusqu'à Nantes. C'est dans cette attitude que nous avons reçu Leurs Majestés des mains des commissaires durant la trêve Convenue. La convention ne peut résister longtemps, et nous demande de plus longs accommodements. Elle vient de perdre trois batailles sur le Rhin. Le hideux comité est accusé jusque dans son sein. On nous reçoit partout comme des libérateurs. Les départements du Midi sont en insurrection et sur le point de se joindre à nous, les provinces abattent leurs échafauds, les bons citoyens s'unissent, tout le monde abandonne la cause des monstres. La religion est remise en honneur, et avec elle refleurit l'amour du roi, de la paix et de la vertu. C'en est fait, le drapeau blanc va voler de clocher en clocher ; toutes les portes s'ouvrent devant notre belle devise : « Nous ne venons point conquérir des villes, mais des cœurs ! *Vive le roi !* »

Or voici quel était en ce moment le véritable état de la France et de l'expédition vendéenne. Les principaux chefs étant morts, l'armée catholique, pressée de tous côtés par les bleus, venait de passer la Loire sous le commandement de Henri de Larochejaquelein ; c'est pourquoi Gaston n'écrivait plus. On connaît les détails de ce passage : une population de soixante mille âmes, femmes, enfants, vieillards, se pressant par une nuit orageuse sur la rive gauche du fleuve, à la lueur des villages en flammes, épouvantée par les détonations lointaines de l'artillerie et la fusillade des patrouilles républicaines ; un amas de blessés qu'on ne voulait pas abandonner et qui criaient avec leurs femmes et leurs enfants ; l'héroïque Bonchamps couché sur un matelas et encourageant les soldats de sa voix mourante ; la terrible traversée tentée sur quelques bateaux trouvés à grand'peine, des malheureux s'y précipitant à la fois pour fuir plus vite le fer et le feu, les bateliers furieux les repoussant à coups d'aviron, des radeaux construits à la hâte qui s'engloutissaient au milieu du fleuve, et des blessés dans l'eau qui tendaient leurs mains vers leurs frères en poussant des cris effroyables ; enfin, sur l'autre rive, des éclairs sinistres, l'obscurité pleine de terreur et d'incertitude, la mousqueterie des détachements accourus pour s'opposer au passage, et sans doute la mort à laquelle on venait d'échapper.

Les armées républicaines de Saumur et de Nantes s'étaient concertées pour écraser dans sa marche le reste de ce malheureux peuple. On avait écrit à la Convention que c'en serait fait en quinze jours. La Vendée était donc abandonnée, et les colonnes infernales venaient d'y entrer le fer et la torche à la main. Ce système abominable venait d'être inventé par le général Turreau. Les châteaux, les couvents, les métairies sans défense, étaient pillés et brûlés, et les habitants sans distinction passés au fil de la baïonnette. Les soldats, las de tuer, envoyaient les prisonniers par milliers à Nantes, où Carrier venait d'arriver, où les noyades, les fusillades et la mitraille abrégeaient la tâche des bourreaux. Le reste de la France était couvert d'échafauds. La reine avait suivi son royal époux à la mort. On était au fort de la terreur.

Dans les derniers combats, après avoir fait des prodiges, la paroisse de Vauvert, à moitié détruite, fut coupée par un corps de républicains et ne put regagner la Loire. Les gentilshommes qui la commandaient n'avaient pas, il est vrai, applaudi à ce plan de campagne, mais ils s'étaient résignés à le suivre ; ils défendaient les derrières de l'armée, encombrés de chariots, de blessés et de femmes, quand le corps ennemi les rejeta dans le pays. Une fois isolés, ils furent attaqués avec furie par une colonne républicaine. Les paysans, blessés pour la plupart et harassés par les fatigues des deux dernières journées, se battirent en désespérés ; ils furent écrasés. Gaston, qui les commandait, entouré de bleus qui lui criaient de se rendre, se défendit jusqu'à la mort et tomba criblé de balles. Le reste des paysans et quelques officiers se cachent dans un bois et y passent la nuit. M. de Vendœuvre, évanoui, percé de coups, était accroupi dans un tronc d'arbre. Le lendemain, dès l'aube, quatre ou cinq de ces malheureux se rejoignent dans les broussailles en rampant sur les mains, couverts de sang et de blessures; ils eurent peine à se reconnaître; au moyen d'un cri des paysans connu dans l'armée, ils parviennent à réunir ce qui restait de la paroisse, au nombre de quarante à cinquante hommes, exténués, à demi morts. Ne doutant pas, après les tristes préparatifs du passage de la Loire, que l'armée tout entière n'y eût péri, ils s'orientent et se mettent en route pour retourner dans leurs foyers. Chemin faisant, à travers les bois, ils virent plusieurs de leurs camarades couchés çà et là, qui étaient morts dans la nuit; ils furent obligés d'en abandonner d'autres qui tombaient de lassitude ou que leurs blessures empêchaient de marcher, et qui les suppliaient de les laisser là, n'ayant plus que peu de temps à vivre. C'étaient à chaque pas des adieux déchirants; les mourants chargeaient leurs amis de commissions pour leurs femmes et leurs enfants. La mort de Gaston avait si profondément démoralisé ces braves gens, que tous les maux leur étaient indifférents. Un vieux paysan qui s'était laissé tomber au pied d'un arbre, la tête ouverte d'un coup de sabre, et qu'on voulait emmener, disait d'un air stupide : « Comment voulez-vous retourner chez monsieur le marquis, puisque son fils est mort ? »

Cet horrible voyage dura dix jours, à travers les patrouilles et les avant-postes des bleus, par des bois et des chemins détournés. On abandonnait encore des cadavres ou des hommes découragés qui refusaient d'aller plus loin, malgré les exhortations et les menaces des huit ou dix gentilshommes qui restaient. Aux environs de Clisson, un fermier qui connaissait M. de Châteaumur mit un cheval frais à la disposition de la troupe ; un paysan encore ingambe y monta et courut à Vauvert annoncer l'arrivée de ses camarades. Toute la paroisse était sur la route avant que le château fût informé. Rien ne saurait peindre la douleur et le désespoir de ces femmes quand elles virent arriver ces quelques malheureux défigurés et se traînant à peine. Chaque famille avait à pleurer un fils ou un père. On n'entendait que des plaintes pitoyables interrompues par mille questions auxquelles on n'osait répondre, et ce silence lugubre était le signal de nouveaux cris. Il y avait de ces pauvres gens qui demeuraient comme étourdis de ce malheur.

Les gentilshommes se dirigèrent vers le château; les cours étaient désertes. Ils entrèrent au nombre de sept ou huit, harassés, méconnaissables, montés sur des spectres de chevaux couverts de boue et de plaies, et singulièrement décorés d'épaulettes et de cocardes républicaines qu'on leur attachait à la queue en trophée. Heureusement un homme de la maison accourut, essayant de leur faire entendre qu'il y avait quelque difficulté à les introduire sur-le-champ. Ces messieurs comprirent seulement qu'il fallait préparer M. de la Charnaye aux tristes nouvelles qu'ils apportaient. M. de Vendœuvre, l'ami et le parent du marquis, mit pied à terre et voulut monter le premier auprès de lui.

M. de la Charnaye était dans son grand salon, enfoncé dans un fauteuil au coin de la cheminée, derrière un paravent, les pieds étendus sur un tabouret, et sa canne entre les jambes. Mademoiselle de la Charnaye était à quelques pas, devant un métier à broder, près de la fenêtre qui donnait sur le jardin, tout dépouillé dans cette saison. Elle tenait une carte de géographie étendue sur son métier, et son doigt y suivait divers points qu'elle nommait les uns après les autres, pour des calculs que son père lui avait demandés. Le marquis tantôt penchait la tête, tantôt se redressait sur son coussin, le front haut, la main sur la pomme de sa canne. En ce moment on entendit un bruit de bottes sur le parquet. M. de Vendœuvre était entré à grands pas sans prendre le temps de parler à la fille qui le suivait. — M. de Vendœuvre! s'écria mademoiselle de la Charnaye. — Vendœuvre! dit le marquis en se levant. — Ils tombèrent dans les bras l'un de l'autre. Mademoiselle de la Charnaye accourt, saisit le bras de M. de Vendœuvre, se jette vers la fenêtre de la cour. — Mais quoi! qu'est-ce? qu'arrive-t-il?

Elle voit les hommes, les chevaux, la cour pleine de gens; une idée la frappe comme la foudre : tout est fini, tout est découvert, le premier mot va la perdre. — Comment se fait-il, Vendœuvre? Par quel hasard êtes-vous seul, mon ami? Et mon fils? Et nos gens? — Hélas! non, je ne suis pas seul, nous sommes... Les pleurs les suffoquent tous les deux : M. de Vendœuvre pleure de douleur, le marquis de joie et de surprise. Mademoiselle de la Charnaye retournait à M. de Vendœuvre, courait à la fenêtre, égarée, palpitante, ne sachant que faire, quel parti prendre, comment prévenir le coup.

— Parlez, mon ami, dit le marquis ; parlez-moi donc ! Je vous croyais à Chartres, ou pour le moins au Mans. Et la reine, où est-elle ? M'apportez-vous des lettres ? Et l'armée ? Pourquoi la quitter dans un pareil moment ? Et mon fils ? Il n'est pas là, je pense ?

Une sueur froide glaça tout le corps de mademoiselle de la Charnaye. M. de Vendœuvre, troublé, ne répondait pas. Il avait à peine entendu les autres questions, occupé seulement de la mort de Gaston, dans la crainte et l'étonnement que le marquis l'ignorât. Il s'écoula un moment mortel durant lequel mademoiselle de la Charnaye, éperdue, les bras étendus, chancela comme si la terre allait s'entr'ouvrir sous ses pieds. — Mon fils ? dites, Vendœuvre, mon fils ? — Tout à coup mademoiselle de la Charnaye se précipita dans les bras de M. de Vendœuvre avec un regard suppliant où s'étaient concentrées toutes les puissances de son âme. M. de Vendœuvre pensa qu'elle voulait lui faire entendre que le marquis ignorait la mort de Gaston et qu'il ne fallait pas le désabuser. — Il n'est point avec nous, dit-il en baissant la tête. — J'en étais sûr, dit le marquis, il n'aura pas voulu quitter l'armée ;

mais vous-même, au nom du ciel, ce n'est pas que je vous reproche de me procurer le plaisir de vous voir, mais dans quel moment quittez-vous l'armée ! Le roi délivré, la reine à votre tête, la Convention abattue, le fédéralisme qui vous seconde.

M. de Vendœuvre, qui tournait le dos à mademoiselle de la Charnaye, la regarda avec étonnement. Elle était comme étourdie, son sang s'était figé dans ses veines ; elle jeta une main sur le bras de M. de Vendœuvre, et porta l'autre à sa bouche comme pour le réduire au silence. — Qu'en dites-vous, Vendœuvre ? reprit le marquis ; voilà le malheur d'une telle guerre, il n'y a point d'autorité. Où est le fruit de votre campagne ? à quoi vous servent ces immortelles six semaines de succès, et votre victoire de Mortagne, et celle de Chollet ? car j'ai tout su ici, mon fils m'adresse assez régulièrement le récit des opérations. Je gage qu'on s'amuse à canonner des bicoques. J'avais envoyé mes observations là-dessus, il paraît qu'on n'en tient pas compte. On peut bien le dire à nos chefs : Vous savez vaincre, Annibal, mais vous ne savez pas profiter de la victoire. Enfin où en est-on, Vendœuvre ? Je vous coupe la parole : que compte-t-on faire du jeune roi ?...

M. de Vendœuvre crut qu'il avait perdu l'esprit et ne pouvait dire une parole. Mademoiselle de la Charnaye s'était laissée tomber sur son siége, ne voyant plus, n'entendant rien, toute préparée à l'horrible explosion qui allait suivre, et ne faisant rien pour la prévenir. Il était clair pour M. de Vendœuvre que le marquis ne savait point la mort de son fils et qu'il y avait dans tout ceci quelque chose d'extraordinaire.

— De grâce, mon ami, reprit le marquis, où en est-on? Que fait mon fils? Où avez-vous laissé l'armée?
— M. de Vendœuvre le regarda fixement, lui prit la main, et se pencha comme pour lui répondre. Ces dernières questions avaient frappé mademoiselle de la Charnaye et l'avaient tirée de sa torpeur. Elle remarqua le mouvement de M. de Vendœuvre, se ranima par le désespoir, vit comme un éclair que tout n'était pas désespéré, et par un élan suprême renversa son métier à broder avec fracas. M. de Vendœuvre se retourna au bruit, et la vit derrière lui à genoux, lui tendant les bras avec des signes de désespoir. Il se tut tout effrayé ; mille idées confuses lui traversèrent l'esprit. Le marquis reconnut le bruit du métier, et, sans s'interrompre, tant il était animé : — Que dit la reine ? qui est-ce qui l'entoure ? Le conseil supérieur

avait à considérer qu'il ne dirigeait pas seulement une armée, mais une régence. Je sais qu'il est fort difficile de mener des corps séparés, d'éteindre les rivalités, mais la présence du roi devait tout accommoder.

Mademoiselle de la Charnaye, par une seconde inspiration, s'écria en entraînant M. de Vendœuvre : — Nous avons tout le temps de causer, il faut aller recevoir ces messieurs, il faut les introduire dans la grande salle. Donnez-moi le bras, monsieur le vicomte, venez avec moi en attendant que mon père se présente.

Le marquis fit quelque résistance pour retenir son ami, mais il céda à cette représentation, que sa fille ne pouvait recevoir toute seule des officiers qu'elle ne connaissait pas. — A tout à l'heure, Vendœuvre, dit le marquis ; je vous suis. Ma fille, envoyez-moi Paulet. Je brûle d'être au milieu de vous. Qu'on retienne tout le monde à dîner. Appelez Hubert pour le service, et qu'on nous traite du mieux qu'on pourra ; qu'on mande chez Courlay pour avoir du gibier ; il doit rester quelques vieux vins, jamais plus belle occasion de les boire ; je veux porter la santé du roi et de mes braves amis !

Le bonhomme était transporté, il disait tout cela en criant et frappant le plancher de sa canne.

M. de Vendœuvre suivit mademoiselle de la Charnaye, qui sanglotait sans pouvoir lui dire une parole. Les gentilshommes étaient déjà réunis dans la grande salle, pâles, poudreux, balafrés pour la plupart, la tête ou les bras enveloppés de linges et de crêpes. Ils portaient encore leurs habits de campagne, qui n'étaient que de grosses vestes de paysans, ou des uniformes si délabrées, qu'on n'y voyait plus trace de galons ni de revers. M. le curé, qui venait de les rejoindre, leur expliquait la situation singulière du marquis, l'ignorance où sa fille l'avait tenu, et il les engageait à garder le silence; ce fut un grand étonnement parmi eux et une grande pitié. — Je le connais, dit M. de Grandchamp, il n'a pas été possible de faire autrement.

A ce moment, mademoiselle de la Charnaye entrait avec M. de Vendœuvre. Elle parcourut d'un coup d'œil ces visages sinistres et se laissa tomber sur un siége en s'écriant : — Ah! sans doute, messieurs, mon frère est mort? — Elle se cacha le visage de son mouchoir, et, les émotions qu'elle avait contenues l'accablant à la fois, il fallut la secourir.

Pendant ce temps-là on instruisait M. de Vendœuvre de ces détails, qui étaient encore un mystère pour lui. Il comprit l'effroi qu'il avait dû causer à mademoiselle de la Charnaye à son arrivée. Elle reprit sa vigueur, et, se levant aussitôt, son premier mot : — Messieurs, je sais vos malheurs ; ayez pitié de nous, n'en dites rien à mon père. Je vois maintenant tout l'embarras où je me suis jetée. — Mais parlez, dit M. de Châteaumur : vous avez caché au marquis la mort de son fils? — La savais-je moi-même? dit mademoiselle de la Charnaye avec des sanglots. Puis, s'adressant à M. de Vendœuvre, elle s'écria dans une espèce d'irritation qui lui était fort étrangère : — J'ai fait plus encore ; vous connaissez la violence de mon père, je lui ai caché nos malheurs. Les mauvaises nouvelles le désolaient, les coups des républicains le frappaient au cœur. J'étais seule ici à le garder sans pouvoir le soulager, ou du moins verser mon sang comme nos braves gens pour retarder les désastres qui lui causaient tant de mal. Que faire? les lettres de mon frère étaient effrayantes, et puis mon frère n'a plus écrit. Il était mort. Comment lui apprendre tout cela? Il n'y eût pas résisté ; il dépendait de moi de le tromper. J'ai altéré, j'ai supposé des lettres, cela est bien coupable, mais mon père dormait tranquille, je souffrais seule. Depuis l'affaire de Châtillon, il ignore tout ce qui s'est passé ; il croit l'armée triomphante, la reine et le roi délivrés. Messieurs, je vous en supplie, ne me trahissez pas, au nom du ciel !

Elle tendait les bras à M. de Châteaumur, et s'adressait à chacun des gentilshommes. — Je l'ai cru fou, dit M. de Vendœuvre; il parle de Nantes comme si nous en étions les maîtres ; il croit que la Loire est à nous et que l'armée marche sur Paris. — Mademoiselle de la Charnaye, vous êtes un ange, dit M. du Retail en lui baisant la main. Ce M. du Retail commandait les quinze ou vingt cavaliers qu'avait fournis la paroisse de Vauvert.

Ces messieurs lui contèrent alors le véritable état des choses, qui rendait plus pitoyables les illusions du marquis. M. de Châteaumur lui dit : — Le pays est sans défense, l'ennemi peut y pénétrer ; il faut nous attendre à tout. — Messieurs, interrompit mademoiselle de la Charnaye, si notre situation vous inspire quelque pitié, reculons autant que possible ; mon père en mourrait, secondez-moi. — Cela sera bien difficile, dit M. de Vendœuvre. — Où cela mènera-t-il? dit brusquement un vieux cavalier. — Il faudra bien tôt

ou tard le détromper, reprit un autre. — Mademoiselle
de la Charnaye s'était redressée à ces paroles, le curé
l'appuya. — Nous avions justement à consulter le
marquis, dit M. de Vendœuvre. — Cependant on fut
de l'avis du curé. Mademoiselle de la Charnaye ne répondait à rien, mais elle insistait en pleurant. M. de
Châteaumur lui-même fit voir le peu d'inconvénient
qu'il y aurait, après tout, à laisser le marquis dans son
ignorance. Mademoiselle de la Charnaye leur donna
en quelques mots ses instructions. On convint de ce
qu'on aurait à répondre, mais surtout de se tenir sur
la réserve, de peur de contradiction.

Comme ils causaient encore, la porte de la salle
s'ouvrit à deux battants, et le marquis parut, appuyé
sur un domestique, dans son grand uniforme de capitaine, la croix de Saint-Louis sur la poitrine, l'épée
au côté, la cocarde blanche au chapeau, et sa grande
canne à la main. Il n'avait pu résister plus longtemps
à son impatience ; il porta la main au front et se découvrit : — Messieurs, puisque j'ai l'honneur de vous
recevoir en de telles circonstances, et quelque envie
que j'aie de vous embrasser et de vous entretenir de
tout ce qui nous est cher, nous allons, s'il vous plaît,
à la chapelle, chanter un *Te Deum* en réjouissance de

nos succès et de la prochaine délivrance de notre malheureux pays.

M. de Châteaumur ne put s'empêcher de se jeter dans ses bras en se nommant. C'était un vieux camarade de garnison. M. du Retail, appuyé sur son sabre, considérait le marquis, et une larme roula sur sa barbe grise, qu'il avait laissée croître dans cette misérable campagne. Ces messieurs voulaient s'excuser de la cérémonie, mais le curé leur fit signe, et le marquis ajouta quelques mots qui ne permirent pas d'insister. — Ma fille, dit-il à mademoiselle de la Charnaye, donnez-moi votre bras.

On se mit en marche par une galerie intérieure qui menait à l'oratoire; le marquis marchait le premier, gravement et la tête haute, à côté de M. de Vendœuvre; derrière, venaient les officiers, tristes et parlant bas avec des signes de pitié. Les domestiques et quelques paysans suivaient.

Le prêtre monta à l'autel; les gens de la paroisse s'étaient agenouillés dans le fond, les cloches sonnaient au dehors, et à peine le prêtre avait-il entonné, que le marquis reprit le verset d'une voix éclatante qui tremblait de joie et qui saisit les cœurs.

L'hymne fini, il dit presque tout haut : — Monsieur

le curé, nous pouvons prier pour le roi ! — Et, dans un transport toujours croissant, il commença à pleine voix le chant du psalmiste : *Domine, salvum fac regem.* Tous les regards étaient fixés sur lui, et le prêtre, les gentilshommes, les paysans, fondaient en larmes à la vue de ces cheveux blancs et de ce visage vénérable rayonnant d'enthousiasme, qui semblait celui du roi-prophète lui-même.

Après la cérémonie, on reprit le chemin de la salle à manger avec la même solennité. On y avait dressé la grande table qui servait autrefois aux repas de famille. Cette salle était d'une décoration sévère et ancienne, en forme de galerie, régulièrement percée de hautes fenêtres, revêtue de bois de chêne jusqu'à hauteur d'homme, avec un rang de stalles et le siége du maître au milieu, le dossier élevé, et décoré de restes poudreux de panaches. Les parois, noircies par le temps, étaient garnies de trophées de chasse ; les armes avaient disparu depuis le commencement de la guerre : tout au fond il y avait un grand crucifix de bois noir qui dominait l'assemblée.

Mademoiselle de la Charnaye, donnant ses ordres d'une voix altérée, s'occupait du repas comme en une circonstance ordinaire, et cette occupation semblait lui donner la force de se contenir. Si l'on a vu, dans une pauvre famille, quelque malheureuse enfant demeurée seule par la mort d'une mère chérie, distraite de sa douleur par les soins de la sépulture, aller, venir, pâle, les yeux gonflés, et puiser une sorte de courage dans ces horribles détails mêmes, on peut imaginer à peu près la contenance de mademoiselle de la Charnaye. Les gens qui servaient avaient les larmes aux yeux.

— Messieurs, dit le marquis en entrant, je ne puis vous embrasser tous, mais j'embrasse toute l'armée royale en la personne de mon vieil ami et parent M. de Vendœuvre. — Il le serra sur son cœur ; il se croyait au milieu d'un état-major complet du pays. — Quant à ceux d'entre vous, messieurs, que je n'ai pas l'honneur de connaître, reprit-il cordialement, il n'y a point de soldat de l'armée catholique qui soit étranger à la table hospitalière des la Charnaye.

On prit place. Les gentilshommes, rangés autour de la table avec leurs mines farouches, le désordre de leurs armes et de leurs habits, composaient une scène étrange et sinistre ; on eût dit un conciliabule de ces brigands romanesques qui s'assemblent dans les vieux manoirs d'Allemagne. Ils gardaient le silence.

Mademoiselle de la Charnaye, qui montra dans cette circonstance un courage et une force d'esprit au-dessus de son âge et de son sexe, était obligée de les provoquer, de ranimer sans cesse la conversation, afin que le marquis ne soupçonnât rien de leur contenance. MM. de Vendœuvre et de Châteaumur, qui la comprenaient, la secondaient de leur mieux.

— Reprenons le discours, dit le marquis au bruit des verres : quelle est la raison véritable de votre retour ? Est-ce le mal du pays, ou s'amuse-t-on à prendre des quartiers d'hiver ? — L'un et l'autre, dit M. de Vendœuvre en essayant une gaieté forcée. — Et que signifie ce répit ? Je suis persuadé que Gaston n'est point revenu parce qu'il a deviné mon sentiment.

On regarda mademoiselle de la Charnaye, qui baissait ses yeux humides.

— Au surplus, reprit le marquis, je n'y entends rien, et je n'en saurai probablement pas davantage, si vous ne prenez la peine de me détailler vos opérations.

Les gentilshommes s'entre-regardèrent. Mademoiselle de la Charnaye adressa un coup d'œil suppliant à M. de Vendœuvre. M. de Vendœuvre prit la parole, et, la consultant du regard, raconta en gros, avec précaution, ce qu'il supposait qu'on avait dit au marquis, sauf quelques contradictions qu'il se hâta de rectifier sur ses promptes réclamations. — Vous allez voir, interrompit le marquis, que je sais mieux les mouvements que les officiers qui les commandaient... Mais je sais fort bien aussi, ajouta-t-il en souriant, que cela est commun en campagne, et que le soin des détails masque l'ensemble. — En effet, reprit M. de Vandœuvre, vous savez pour le moins aussi bien que moi la marche progressive de l'expédition. Quant aux plans ultérieurs, nous les ignorons ; le conseil s'est recruté depuis peu de hauts personnages. Nous autres petits officiers, nous n'y avons point d'accès. Il faut se contenter d'obéir. — C'est pourquoi, sans doute, on n'a fait aucun cas de mes avis, dit le marquis ; je m'y attendais. Il s'agit bien d'étiquette dans les circonstances où nous sommes. C'est moi pourtant qui ai parlé le premier de marcher sur Nantes. Il m'en souvient, je le disais à M. de Granzay. N'est-ce pas vrai, monsieur de Granzay ?...

Il attendait la réponse, mais personne ne répondit : M. de Granzay était mort à l'affaire du Moulin-aux-Chèvres ; les officiers consternés se regardèrent. — M. de Granzay n'est-il pas là ? reprit le marquis. — Il était pressé d'affaires dans sa terre, il y est allé, dit

M. de Vendœuvre. — Il vous le dira à son retour, dit le marquis ; j'avais proposé mon plan à Fontenay, mais alors nous étions loin de prévoir les victoires de Saumur, de Torfou, de Chollet. A ce propos, il faut que je vous félicite, monsieur de Thiors ; je sais comment vous vous êtes conduit à Chollet, et j'ai reconnu le brave camarade que j'avais l'honneur de commander à Thouars.

Il y eut encore un profond silence. M. de Thiors avait été tué à cette même bataille de Chollet, si funeste aux royalistes. — Monsieur de Thiors, où êtes-vous? dit le marquis en tournant le visage çà et là comme cherchant des yeux. Ce regard éteint perça au cœur tous les assistants. — M. de Thiors est en commission avec un détachement, dit M. de Châteaumur. — Que Dieu le conduise ! dit le marquis : nous boirons à sa santé, car que ne vous dois-je pas, mes voisins et mes amis, pour le soulagement que vous m'avez donné dans ma solitude ! J'apprenais vos belles actions, et mon cœur battait, pour ainsi dire, à chaque coup de canon ; j'étais, par la pensée, au milieu de vous ; j'étais avec mon fils à Coron, j'étais avec M. de Torchebœuf quand il enleva la redoute de Mortagne, au cri : Tue les républicains ! — Le marquis s'était animé.

— Vous ne dites rien, monsieur de Torchebœuf; il faut pour le coup que je vous embrasse.

Il se leva pour aller à lui avec cette lenteur incertaine des aveugles. M. de Vendœuvre le retint sans savoir que dire. Un vieil officier, embarrassé de ce silence et de ces excuses, dit d'un ton brusque : — Torchebœuf est mort !

Le marquis s'arrêta et fit le salut militaire : — Il est mort, honneur à lui !

Il se rassit et reprit un peu après : — En effet, je savais mieux que vous ce qui se passait là-bas, et j'aurais de quoi vous faire rougir tous de modestie. Buvons donc, messieurs, à la santé des braves, ces dernières bouteilles du meilleur vin qui me reste. Mais avant tout, messieurs... Il se leva, et, haussant son verre : — A la santé de notre jeune roi ! Que le Seigneur, qui l'a miraculeusement délivré, lui donne victoire sur victoire, et le porte de sa main puissante jusque sur le trône de ses ancêtres ! Le roi est mort, vive le roi !

L'enthousiasme gagna les officiers ; ils choquèrent leurs verres en criant : Vive le roi ! Le marquis reprit : — Que son auguste mère, entourée de Français fidèles, puisse à jamais oublier ses malheurs ! —

Vive la reine ! s'écrièrent les officiers. M. du Margat, le bras tendu, le verre à la main, cria encore une fois après les autres : Vive le roi ! Ce vin généreux l'avait échauffé, il avait les yeux humides, et, tandis qu'il regardait fixement le marquis, une grosse larme tomba dans son verre. — Et maintenant, continua le marquis, buvons à ces illustres chefs que je voudrais serrer dans mes bras : à MM. de Lescure, Bonchamps et Cathelineau !

Or Cathelineau, Lescure et Bonchamps étaient morts ; les verres se choquèrent en silence.

— A vous, Châteaumur ! à vous, Thianges ! à vous, messieurs de Rivarennes et de Montglas !

MM. de Rivarennes et de Montglas avaient été écrasés, avec toute leur troupe, à Nantes, dans un retranchement. M. de Châteaumur fut obligé de pousser les officiers immobiles à ce toast.

— A vous encore, mon brave Crugy !

On fit encore silence autour de la table dégarnie. Crugy avait été pris par les bleus et fusillé.

— A vous tous enfin, dont le bras a été de quelque secours à mon roi ! s'écria le marquis dans son transport. En cette qualité, messieurs, vous permettrez à un père de se souvenir, après les plus dignes, d'un fils bien-aimé qui fait sa gloire. — Et il ajouta d'une voix fière et sonore : — A Gaston de la Charnaye !

Mademoiselle de la Charnaye, déjà si pâle, pâlit encore en regardant son père. A ces derniers mots, les cœurs se fondirent, les larmes se firent passage et coulèrent de tous les yeux.

On se remit ensuite à parler de la guerre, quoique ces messieurs fissent tous leurs efforts pour en écarter la conversation. M. de Vendœuvre sentit la convenance de ne pas prolonger une scène si pénible à mademoiselle de la Charnaye, que tant d'émotions devaient accabler. Il en conféra tout bas avec M. de Châteaumur. On convint de prétexter, chacun de sa part, des affaires particulières, des commissions dans diverses paroisses, pour se retirer au plus tôt.

En ce moment un domestique vint dire quelques mots à mademoiselle de la Charnaye, qui avertit tout bas M. de Vendœuvre qu'un homme de l'armée venait d'arriver dans la cour et demandait à parler à ces messieurs. Cet homme, qui était des leurs, et qu'on avait laissé pour mort aux environs de Saint-Florent, avait rencontré dans la déroute un gentilhomme des environs, M. de Vieuville, lequel l'avait chargé de rejoindre ses chefs et de répandre dans les châteaux, surtout à Vauvert, les nouvelles de la guerre. Ces nouvelles étaient épouvantables. Le passage de la Loire s'étant effectué le 16 novembre, les bleus allaient envahir le pays laissé sans défense. Les terribles colonnes infernales, chacune de douze cents hommes, devaient partir de divers points et sillonner le Bocage en tous sens, saccageant, brûlant, exterminant les hommes et les habitations. Le plan était déjà mis à exécution. Le paysan racontait des détails effroyables : on brûlait les bois, on pillait les fermes, on égorgeait les enfants et les femmes. Caché dans les genêts, il avait vu lui-même des choses horribles, et notamment des soldats ivres qui passaient, après l'incendie d'un village, avec des lambeaux de chair humaine à la pointe de leurs baïonnettes. M. de Vieuville mandait expressément qu'une de ces colonnes, qui marchait dans la direction de Vauvert, n'en devait plus être qu'à trois journées. Déjà ces nouvelles couraient et jetaient l'épouvante de village en village.

M. de Vendœuvre fit appeler ses compagnons successivement, et, après le premier moment de consternation, il fut décidé tout d'une voix qu'il fallait faire un dernier effort, courir au-devant des bleus, et sauver le château ou périr. Ils dépêchèrent aussitôt, de concert avec M. de Vieuville, des gens de la maison dans les environs, pour y réunir tout ce qu'ils trouveraient d'hommes en état de marcher. On dit au marquis, déjà préparé pour ce départ, qu'un ordre subit rappelait les divisions, ce qu'il n'eut pas de peine à croire. Le soir, le tocsin sonnait dans les paroisses voisines. Les émissaires couraient de ferme en ferme, y jetant l'alarme; et tout ce qui restait de fermiers, de valets, de vieillards même, devait se trouver réuni à la Croix-Bataille, à une demi-lieue de Vauvert. Les paysans qui avaient vu les horreurs de cette guerre juraient de se faire hacher sur les routes pour s'opposer aux bleus. Des octogénaires, des femmes, des enfants, étouffant leurs pleurs, les accompagnèrent au rendez-vous.

A Vauvert, les gentilshommes trouvèrent à grand'-peine à changer leurs chevaux, qui étaient exténués. Quelques-uns partirent à pied avec les paysans; ils n'eurent pas le courage de laisser voir à mademoiselle de la Charnaye tous les dangers de la situation. M. de Vendœuvre l'embrassa en pleurant dans un coin, et lui dit seulement, en lui serrant les mains, qu'il fallait s'en remettre du tout à la Providence, et que du moins Dieu n'oublierait pas qu'ils étaient morts à son service. Le marquis, croyant qu'il s'agissait d'une mesure victorieuse, embrassait les officiers avec une ardeur qui redoublait leur abattement. Il demanda qu'on ouvrît une fenêtre qui donnait sur la cour pour assister en quelque sorte à leur départ. Là, ils furent obligés de contenir les gémissements de quelques femmes du pays qui les entouraient. Comme ils allaient partir, ils virent encore à la fenêtre la tête blanchie du marquis, qui leur faisait de la main des signes d'adieu et qui leur criait de revenir dans peu. M. de Vendœuvre lui répondit qu'ils n'y manqueraient pas, tandis que son domestique pleurait en serrant la sangle de son cheval. Le marquis cria une dernière fois : Vive le roi! — Vive le roi quand même! lui répondirent les cavaliers en partant au galop.

Mademoiselle de la Charnaye en savait assez pour s'attendre aux plus grands malheurs. Elle prit ses précautions, fit enlever les images et les écussons sur les murs et dans les salles du château; enfin elle se concerta avec Paulet, le jardinier, pour se préparer un asile en cas de besoin dans une petite loge qu'il avait au bout du parc. Elle se procura également un habillement complet de paysan qu'elle mit en réserve pour le substituer dans l'occasion aux habits de son père, qui étaient fort simples, mais qui pouvaient encore éveiller les soupçons.

Le lendemain de ce jour, le marquis était rayonnant de joie et de belle humeur. Le départ des gentilshommes lui avait échauffé la tête. Il ne parlait plus que d'aller rejoindre la reine et le conseil supérieur. Il se reprochait de n'avoir point suivi l'état-major. Pour la première fois, il demanda lui-même à s'aller promener dans le jardin. — Gaston ne nous a donc point écrit? dit-il. — Vous avez entendu, mon père, ce que vous disait hier M. de Châteaumur. Son corps d'armée est séparé de ces messieurs, il n'a pu les voir avant leur départ. Quant aux nouvelles, nous ne pouvions en avoir de plus fraîches; il nous écrira bientôt sans doute. — D'où vient, dit le marquis en prenant une prise de tabac, que je n'ai point?... non, vraiment, je n'ai pas ma croix.

Mademoiselle de la Charnaye l'avait détachée le matin même. — C'est moi, mon père, qui l'ai fait enlever, reprit-elle toute troublée; M. de Vendœuvre a paru surpris hier de vous la voir, il m'a dit qu'on était convenu à l'armée de s'interdire les marques de distinction qui pouvaient choquer les paysans. — C'est une très-mauvaise idée qu'ils ont eue là, et ces messieurs l'entendent fort mal. J'ai gagné ma croix, morbleu! et je n'empêche personne d'en faire autant. Je n'ai pas vu d'ailleurs qu'elle m'ait fait mépriser de mes gens à Parthenay.

La promenade s'acheva gaiement; le marquis sifflait au retour la marche des gardes françaises, ce qui ne lui était point arrivé depuis plus d'un an. Un nouvel embarras, comme on l'a vu, se présentait à mademoiselle de la Charnaye. Son père était poursuivi par l'idée de porter l'hommage de son dévouement aux pieds de la reine, et d'assister sur les lieux aux triomphes de l'armée royaliste. Elle épuisa toutes les objections : le marquis, dans son erreur, croyant le pays libre, les combattait aisément. Elle essaya, pour l'amuser et gagner du temps, d'écrire de nouvelles lettres; mais dans ces circonstances ce rôle lui devenait insupportable, c'était pour elle un vrai supplice, et la plume lui tombait des mains. Elle était tentée à chaque instant de se jeter aux genoux de son père et de lui tout avouer.

Les gentilshommes, en partant, avaient promis d'envoyer, jour par jour, des informations par des messagers. Ce qui restait de ces pauvres familles attendait dans les transes le signal de leur ruine. On avait calculé, d'après la marche des colonnes ennemies, le moment où elles devaient paraître si elles n'étaient point arrêtées. On croyait entendre de minute en minute la fusillade et l'horrible clameur des bleus se ruant dans les fermes. Quatre jours s'étaient passés dans ces angoisses, car on savait que les hommes qui étaient partis ne devaient point aller loin, ni surtout tenter de rejoindre l'armée royale. Le cinquième jour, encore rien de nouveau. On ne savait que penser. L'espérance commença de renaître, et les femmes, qui s'étaient retirées dans les bois, reprirent quelque confiance.

Or voici ce qui s'était passé. Les gens de Vauvert, dirigés par M. de Thianges, le plus vieux commandant, avaient rencontré, après deux jours de marche, un détachement qu'on ne s'était pas donné la peine d'examiner et qui était peu considérable; les paysans étaient si résolus, qu'on ne put les retenir. Les bleus ne tinrent pas à la première charge, qui fut terrible; ils furent écrasés, sauf quelques fuyards qui se replièrent, car ce détachement n'était que l'avant-garde de la colonne. Les Vendéens ne s'en doutant point, excédés par les fatigues du combat et d'une longue marche, allaient s'arrêter et camper sur la place, quand la colonne arriva, guidée par les fuyards. Les paysans sautèrent dans les haies et soutinrent pendant huit heures l'effort de onze cents hommes; ils n'étaient guère qu'une centaine après le premier combat. Les munitions leur manquèrent bientôt; on chargea les fusils avec de vieux boutons et des louis d'or qui restaient aux officiers. Les bleus, furieux, s'engagèrent dans les taillis; on se battit corps à corps, les paysans furent égorgés l'un après l'autre. MM. de Châteaumur et de Vendœuvre, voyant tout perdu, se jetèrent à cheval dans les rangs des républicains et tombèrent hachés en pièces. M. de Thianges fut pris à vingt pas de là et percé de coups de baïonnette. Quelques hommes s'échappèrent, sautant de fossé en fossé, en tirant leurs dernières balles.

L'un de ceux-là, Pierre Gourlay, arrive vers le milieu de la nuit à Vauvert, exténué, couvert de plaies, n'a que le temps de tout raconter et tombe à demi mort. On fait courir la nouvelle, les femmes se réveillent, on frappe de porte en porte, toute la paroisse est bientôt en fuite; Paulet monte au château, réveille Jeanne, la fille de ferme, Colombe, la femme de chambre, qui couchait à l'entrée des appartements, et lui dit qu'il faut qu'il entre et qu'il parle à mademoiselle, qu'il y va de la vie de ses maîtres.

Mademoiselle de la Charnaye couchait, en cas d'événement, dans une pièce qui précédait la chambre de son père. Depuis quelque temps, elle ne dormait plus, ou n'avait qu'un sommeil agité par de sombres imaginations. Il lui semblait chaque nuit voir arriver les hordes républicaines : le bruit de la cloche, l'aboiement d'un chien, les mugissements de l'étable, la réveillaient en sursaut et lui donnaient le frisson. Souvent glacée d'effroi et n'osant crier, elle allait trouver Colombe au milieu de la nuit, et lui jetait les bras autour du cou, causant d'horribles frayeurs à la pauvre fille.

Cette nuit-là, mademoiselle de la Charnaye se débattait sous l'obsession d'un rêve affreux. Elle est réveillée à demi par le bruit d'une porte ; elle se dresse sur son séant, entend des voix troublées ; une lumière brille, un homme se précipite dans sa chambre. — Silence ! c'est moi, mademoiselle, dit Colombe à demi nue. Mais mademoiselle de la Charnaye ne pouvait se remettre de son tremblement; elle reconnut enfin Paulet le jardinier. — Mademoiselle, nous sommes perdus, nos gens sont morts, les bleus arrivent. —

Plus bas, dit Colombe effrayée en montrant la porte du fond. Mademoiselle de la Charnaye, pâle, engourdie, ne savait ce qu'on voulait lui dire. — M. de Vendœuvre est mort, reprit Paulet; M. de Thianges est mort; les bleus s'avancent pour nous tuer. Pierre les a vus. Il faut vous sauver, vous et monsieur le marquis. Il n'y a plus personne à Vauvert. Les bleus étaient hier à Clisson. Ils ont brûlé la Frette. Ils seront peut-être ici dans deux heures. — Le pauvre homme bredouillait et disait tout pêle-mêle. Mademoiselle de la Charnaye ne répondait pas. Colombe et le jardinier la pressaient, les larmes aux yeux; elle s'écria enfin : — Que faire ? ô mon Dieu ! que voulez-vous que je fasse ? — Il faut venir avec nous, nous avons de quoi vous retirer; nous nous ferons tuer pour monsieur le marquis. — Non, c'est impossible, dit mademoiselle de la Charnaye égarée; je vous en prie, Paulet, ne me quittez pas... Oui, descendez, vous nous suivrez.

Elle s'était levée, elle allait et venait dans la chambre. Paulet redescendit à la hâte. — Laissez-moi, dit-elle à Colombe, qui s'agitait autour d'elle. Mon Dieu ! je vais mourir assurément avant de quitter cette maison... Mon Dieu ! donnez-moi la force... Allez m'attendre, Colombe.

La femme de chambre sortit. Mademoiselle de la Charnaye se laissa tomber sur son lit. Elle sentait qu'il devenait impossible d'abuser plus longtemps son père; elle était résolue à tout lui déclarer, et l'idée de la scène qui allait suivre la jetait dans l'anéantissement. C'était la foudre dont elle allait le frapper tout à coup ; il pouvait la maudire, ou perdre la raison, ou se livrer aux bleus. Elle se levait comme dans la fièvre, en disant d'une voix brève et désespérée : « Oui, je lui dirai tout. »

Elle alla jusqu'à la porte ; mais la pensée que son père dormait paisiblement et qu'elle allait lui porter ce coup dans un tel moment, l'embarras des premières paroles qu'elle devait dire, la firent encore fléchir. Elle demeurait sur le pied de son lit dans une sorte d'agonie. Colombe rentra doucement, et, la voyant en cet état, courut à elle, la pressant, disant que tout était prêt, qu'il n'y avait pas une minute à perdre. Mademoiselle de la Charnaye se redressa, animée d'une inspiration subite.—Où nous mène Paulet?—A la serre du parc — Seul ? — Il a tout arrangé pour que la route soit sûre. — Essayons. A la volonté de Dieu!

Elle prit dans une armoire un paquet de hardes qu'elle ordonna à Colombe de porter chez le marquis à la place des vêtements qu'il avait quittés la veille. Elle se mit ensuite à genoux sur son prie-Dieu, et y resta quelques instants ; elle rangea certains objets, choisit des papiers, ferma des coffres, et entra chez son père.

Le jour ne pointait pas encore ; M. de la Charnaye dormait profondément, elle le réveilla d'un ton doux et ferme. — Mon père, il faut partir ; M. de Sainte-Flaive, qui n'a point suivi ces messieurs, envoie tout exprès vous demander si vous avez encore le désir de rejoindre l'armée. — Oui, certes, dit le marquis à demi réveillé. — Il faut donc nous mettre en route, il nous attend jusqu'à ce soir ; c'est à huit lieues d'ici. Puis M. de la Frette est mort. — Il a été tué ? — Oui, mon père. — Le marquis se mit en son séant et joignit les mains. — Encore un, ô mon Dieu ! que vous recevrez sans doute dans votre gloire.

Le temps pressait, et mademoiselle de la Charnaye en sentait à présent le prix. Le moindre bruit au dehors la faisait défaillir. — Il est, ce me semble, un peu grand matin ? dit le marquis. — Il fait grand jour, dit mademoiselle de la Charnaye. Elle avait réponse à tout ; elle avait tout préparé : elle montrait tout à coup un calme, une force d'âme, une présence d'esprit

8.

une habileté admirables ; elle trouvait à point les prétextes, les expédients ; elle alla jusqu'à expliquer qu'il était convenable de paraître en habits de deuil à cause des pertes de l'armée, et qu'elle n'avait pu s'en procurer que chez un des fermiers, parce que M. le curé lui-même n'en avait point; que cette nouvelle était tout à fait imprévue ; qu'il faudrait aller à pied, parce qu'on avait équipé des cavaliers avec tous les chevaux de la maison, et qu'on avait donné les bœufs à des métairies ruinées ; enfin que, si l'on trouvait M. de Sainte-Flaive parti, on rejoindrait l'armée comme on pourrait. Mademoiselle de la Charnaye elle-même n'avait plus d'autre espoir que de se réunir à quelques débris des bandes vendéennes, où ils seraient plus en sûreté que dans une terre isolée et livrée à l'ennemi. Elle ajoutait des détails qui pouvaient servir de préparation sur l'état du pays : qu'il serait bon de prendre des précautions ; que les bleus avaient des espions et peut-être des bandes armées dans le Bocage. À quoi le marquis disait d'un air de grande confiance : — Oh ! ils n'oseraient pas s'y frotter ! — Elle dit aussi que Paulet et les *chappuseurs* (bûcherons) les hébergeraient de leur mieux sur la route. — C'est bien fait quant à vous, dit le marquis ; pour moi, je suis habitué au bivac. Mes infirmités m'ont amolli, mais je ne suis pas encore si vieux que je ne puisse m'y résigner fort bien. — Mademoiselle de la Charnaye n'osait le presser davantage, quoiqu'elle s'attendît de minute en minute à entendre le cri des bleus. Elle allait vers la fenêtre et prêtait l'oreille aux bruits de la campagne. Elle demeura calme et résignée dans cette situation terrible, et dit doucement à son père de s'habiller. Le marquis ne fit aucune difficulté. Ses désirs aidèrent à le tromper aisément.

Mademoiselle de la Charnaye se retira dans l'autre pièce et se mit au balcon, pâle, palpitante, les yeux fixés au loin sur la cime des bois. Paulet montait de moment en moment, d'un air effaré, pour dire qu'on se hâtât, et qu'il n'y avait plus personne à Vauvert. Mais on ne pouvait se résoudre à inquiéter le marquis. Il s'écoula une demi-heure mortelle. — Nous mourrons ici, dit mademoiselle de la Charnaye, si c'est la volonté de Dieu — Elle avait donné l'ordre à toutes les personnes qui restaient dans le château de s'en aller. Ces braves gens avaient obéi à la dernière extrémité, et quand ils avaient su qu'ils ne pourraient suivre leurs maîtres. En ce moment, Colombe arriva, les yeux gonflés de larmes, pour faire ses adieux. — Tu ne viens donc pas avec nous? dit mademoiselle de la Charnaye. — Les sanglots coupaient la parole à la pauvre enfant. — Où voulez-vous que j'aille, mademoiselle? Gratien est mort ; je n'ai plus que vous dans le monde, et je n'ai plus qu'une chose à faire pour votre service. Je veux garder votre maison. Une pauvre fille toute seule... ils n'oseront peut-être pas lui faire de mal... ni rien prendre... J'aurai soin de votre bien... et quand vous reviendrez... vous retrouverez...

— Elles se jetèrent dans les bras l'une de l'autre. Paulet fut obligé de les séparer. Il prit Colombe par le milieu du corps et l'emporta. Il fut impossible de la décider à quitter le château.

On entendit bientôt la voix du marquis. Il se plaignait que l'étoffe de ses habits était bien grossière. Il était complétement déguisé en paysan. Mademoiselle de la Charnaye lui dit qu'en effet c'étaient les habits de Hubert, qui avait perdu sa mère l'an passé, et qu'on était encore trop heureux, dans la misère du pays, d'avoir pu se les procurer. Avant de partir, elle ajouta aux bijoux qu'elle emportait vingt-cinq louis, qui étaient tout l'argent qui restait au château : enfin elle avertit Paulet, qui marcha devant eux en silence. Les gens de Vauvert avaient voulu emmener le marquis au milieu d'eux, mais mademoiselle de la Charnaye avait défendu qu'on l'approchât, de peur qu'une imprudence éveillât ses soupçons ; ces bonnes gens, d'ailleurs, ne pouvaient lui offrir des ressources meilleures que celles qu'elle avait concertées avec le jardinier.

On descendit dans le jardin, qui menait au parc ; mais on passa derrière une haie qui côtoyait la grande avenue. Paulet, comme il était convenu, les accompagna près d'un grand quart de lieue ; après quoi mademoiselle de la Charnaye le supplia de rejoindre sa femme et ses enfants, qu'il avait dépêchés avec d'autres femmes de la paroisse. Elle ajouta, pour l'y décider, qu'elle savait son chemin jusqu'à la serre du bois. C'était une masure qui avait servi autrefois de rendez-vous de chasse. Paulet s'en alla lestement par un sentier détourné.

Les chemins qu'ils suivaient, à travers des terrains inégaux couverts de bois et d'ajoncs, coupés de marais, étaient véritablement inextricables pour des gens étrangers au pays ; mais mademoiselle de la Charnaye avait passé sa vie dans ces campagnes, elle les avait souvent parcourues à cheval avec son frère. La saison où l'on était ajoutait aux difficultés de la route. Le bois mort et les feuilles sèches avaient effacé les chemins frayés ; les eaux de pluie amassées inondaient les bas-fonds ; certains passages profondément encaissés n'étaient plus que le lit d'un torrent qui entraînait les terres délayées, laissant à peine çà et là un rebord praticable ; souvent une vaste mare, un vrai lac à demi glacé, comblant le ravin, arrêtait tout net les voyageurs, et les forçait de se détourner au milieu des halliers. Le ciel était brumeux, une bise humide et froide sifflait à travers le bois sec. Des troupes de fuyards, tant de Vauvert que des paroisses voisines, des femmes, leurs enfants sur le dos, des vieillards se traînant à peine, un bâton à la main, le fusil en bandoulière, sillonnaient le pays en tous sens. On s'épouvantait les uns les autres quand on venait à se rencontrer, et chaque troupe se croyait en face des bleus. Souvent on tombait, au tournant d'une haie, au milieu d'une famille entière, qui s'arrêtait au bruit des pas ; mademoiselle de la Charnaye se sentait défaillir, et, quand elle avait trouvé la force de dire au marquis quelles gens c'étaient, le marquis, grave et tranquille, se mettait à crier : — C'est toi, un tel ; c'est donc aujourd'hui marché aux bœufs ? — Mademoiselle de la Charnaye regardait ces bonnes gens en mettant un doigt sur la bouche. — Oui, monsieur le marquis, répondait le fermier ébahi. Et tous se découvraient et les regardaient passer avec pitié et respect. D'autres fois c'était un homme qui se glissait dans les buissons à leur approche en froissant les branches. — Quel est ce bruit? demandait le marquis. — Quelque daim effarouché qui gagne son gîte, répondait mademoiselle de la Charnaye, plus morte que vive. Et puis elle essayait de glisser dans la conversation certaines conjectures qui pouvaient préparer le marquis à ne trouver ni M. de Sainte-Flaive ni sa maison à la fin du jour. Il leur arriva plusieurs fois d'échapper à la mort comme par miracle, passant à chaque instant au bout du fusil de quelque paysan guettant les bleus à l'affût. Mademoiselle de la Charnaye faisait un signe, et l'homme, abattant son arme, ôtait son chapeau.

A un certain moment, le marquis s'arrêta, prêtant l'oreille dans le silence des bois, où criait à peine quelque feuille. — Qu'est-ce que cela, ma fille? N'entendez-vous pas le tambour? — Ils s'arrêtèrent. — Je n'entends rien, dit mademoiselle de la Charnaye. — Écoutez bien, c'est comme le bruit du tambour. — J'entends; mais vous savez que le moulin de Catheleine est de ce côté. — Cela est fort possible. J'ai toujours le tambour dans l'oreille.

Ils se remirent à marcher. Un peu après, on entendit comme le bruit d'une fusillade éloignée. — Je vous jure, mon enfant, que j'entends la mousqueterie. — Comment cela se pourrait-il ? dit mademoiselle de la Charnaye en laissant tomber ses bras le long de son corps. — Laissez-moi faire, reprit le marquis. Il se mit à genoux et porta son oreille contre terre. — C'est une fusillade, et des mieux nourries ; le bruit cesse... il reprend. — A moins, dit mademoiselle de la Charnaye, qu'il n'y ait quelque noce dans les environs... ou que les garçons ne s'exercent au tir. — Il faut que ce soit cela ; un exercice militaire commandé par ces messieurs... Je le conseillais depuis longtemps. Il n'est pas possible que l'ennemi... nous saurions quelque chose. Il reprit sa marche d'un air convaincu. Mademoiselle de la Charnaye tremblait et doublait le pas. — Vous me faites marcher bien vite, dit le marquis en souriant. Mademoiselle de la Charnaye saisit cette occasion de déclarer qu'il ne fallait plus songer à gagner le terme du voyage ; elle fit valoir le mauvais état des chemins, qui leur permettait à peine d'arriver au lieu où Paulet les devait attendre.

Cette triste journée fut bien longue. Paulet parut enfin à quelques pas de la masure qu'il avait préparée à la hâte pour recevoir le marquis. Son premier mot fut qu'il fallait y passer la nuit, comme il avait été convenu avec mademoiselle de la Charnaye, et que M. de Sainte-Flaive était déjà parti. Le marquis, fatigué et assez mécontent, demanda aussitôt du feu pour sécher ses pieds : mais Paulet, qui savait la guerre, avertit mademoiselle de la Charnaye que la fumée trahissait les *caches* et attirait les patrouilles. Il s'excusa tout haut comme il put sur ce qu'il n'avait rien de ce qu'il fallait. Ils se consultèrent ensuite, lui et mademoiselle de la Charnaye, tandis que le marquis s'arrangeait pour dormir. Mademoiselle de la Charnaye, épuisée par les émotions de la route et se voyant dans cet abandon, se mit à fondre en larmes. Paulet en était grandement ému de pitié : il lui dit qu'on venait d'établir un *refuge* à peu de distance, et qu'il les y conduirait le lendemain en prenant toutes les précautions convenables; que la contrée, fouillée en tous sens, était à feu et à sang ; que les bleus étaient sans doute à Vauvert, et qu'elle serait du moins plus rassurée au milieu de ses paysans. Il sortit en ajoutant qu'il reviendrait les prendre au point du jour.

Le lendemain, on annonça au marquis qu'on allait se mettre en route comme on pourrait pour rejoindre l'armée, en lui faisant espérer qu'on trouverait plus tard quelque monture, quelque voiture à bœufs. — Assurément, dit-il avec gaieté, si l'on sait que j'ai fait à pied ces quarante lieues, l'armée me saura gré de ce pèlerinage. — On partit. Paulet frayait le passage une hache à la main, abattant les branches et maugréant des mauvais chemins qu'il fallait prendre.

On arriva au refuge trois ou quatre heures après la tombée de la nuit. Paulet prit les devants pour répondre aux *qui-vive* des paysans et les prévenir, puis il revint chercher les voyageurs avec un flambeau de résine. Ces refuges étaient des habitations établies au cœur de bois épais, et faites de piquets et de palissades : les troncs d'arbres servaient de colonnes, et les branches de toits ; des charrettes acculées et tendues de toiles abritaient toute une famille : des villages entiers se sauvèrent ainsi dans cette terrible guerre. On a retrouvé de ces refuges qui étaient devenus de véritables villes, où l'on voyait des vestiges de places et de rues tracées parmi les arbres.

On mit le marquis dans une hutte un peu écartée ; et Paulet, avant de s'en aller, promit à mademoiselle de la Charnaye qu'il viendrait le lendemain avant le jour lui donner des nouvelles et lui dire s'il avait trouvé un asile plus sûr, ou s'il y avait quelque moyen de gagner Bressuire. Mademoiselle de la Charnaye ne put se reposer un instant au milieu de cette population éplorée. Sur le minuit, il y eut quelque alarme. De hardis paysans, qui se glissaient jusqu'aux avant-postes des bleus, vinrent annoncer que les républicains, guidés par un traître, devaient s'avancer vers le refuge. On tint conseil, et l'on décida que dans tous les cas il fallait se disperser dans les environs, quitte à revenir si ce n'était là qu'une fausse alerte. Deux heures après, un paysan placé en sentinelle accourut, et avertit qu'on n'avait que le temps de s'enfuir, et qu'un fort détachement marchait dans la direction du bois. Cette nouvelle jeta partout le trouble et l'épouvante. Déjà beaucoup de monde s'était enfui. Les mères, dans un morne désespoir, serraient leurs enfants endormis sur leur sein ; on attachait les bestiaux aux palissades. Mademoiselle de la Charnaye, dans ce désordre, ne savait plus que devenir : Paulet lui avait expressément recommandé de l'attendre, et Paulet n'arrivait pas. Elle ne savait à qui demander assistance parmi ces gens égarés, où chacun avait trop à craindre pour s'occuper des autres, où le rang, l'âge et le sexe étaient méconnus, où il eût fallu se sacrifier pour traiter avec les égards convenables un pauvre aveugle comme le marquis. Heureusement celui-ci, accablé de fatigue, dormait profondément. Abandonnée, voyant tout le monde se disperser çà et là, ne sachant plus sa route, incertaine si, de part ou d'autre, elle ne tomberait pas au milieu des bleus, elle voulut obstinément attendre la mort, et s'accroupit comme folle au pied d'un arbre, en dehors de l'abri souterrain où dormait son père. Un paysan armé, qui remarqua des vêtements blancs, lui demanda ce qu'elle faisait là. — J'attends Paulet, de Vauvert. — Cet homme lui dit que Paulet venait d'être pris et sans doute fusillé. — On nous tuera donc à cette place, mon père et moi, dit-elle en baissant la tête.

Le jour pointait, on entendit des coups de fusil assez rapprochés, et l'on vint dire qu'on avait mis le feu en plusieurs endroits du bois. Le trouble s'accrut, on se mit à courir ; des hommes prenaient les vieillards sur leurs épaules, il ne restait presque plus personne. Mademoiselle de la Charnaye ne bougeait point ; le même paysan qui lui avait parlé la souleva par-dessous les bras pour la forcer à fuir. Elle se leva, réveilla son père, et le mena dans le premier chemin qui s'offrit à elle.

Le bois était désert, on n'entendait plus rien. Le marquis fit des questions, sa fille lui dit qu'ils avaient couru des dangers ; il se moqua de ses frayeurs, et lui reprocha, en riant, de n'être point de la famille ; il se plaignit ensuite de la fatigue. Elle n'y put tenir plus longtemps et fondit en larmes sans pouvoir se contraindre. Le marquis l'entendit sangloter, et, se méprenant au sujet de ses pleurs, il se récria aussitôt :
— Ah ! ma pauvre enfant ! j'ai le courage de me plaindre, et je ne songe point que c'est vous qui souffrez le plus ; vous devez avoir bien mal dormi cette nuit, et voilà des journées bien au-dessus de vos forces. Courage, ma fille, nous trouverons enfin quelque chariot dans ce maudit pays, et, une fois à Bressuire, nous sommes hors de peine. — Elle saisit cette occasion de lui dire qu'ils étaient obligés de faire de grands circuits, et elle eut encore le courage de colorer de divers prétextes tout ce qui pouvait sembler étrange au vieillard ; mais le moindre bruit, la chute d'une feuille, le vol d'un courlis, le cri d'un geai, lui coupaient la parole et la faisaient transir d'épouvante.

Ils arrivèrent sur la lisière du bois, où il y avait un chemin assez large, profondément sillonné par les charrettes ; mais, craignant d'y être trop en vue, mademoiselle de la Charnaye prit un sentier qui le longeait derrière une haie, et que les piétons avaient pratiqué durant les temps d'hiver, où le grand chemin était inondé. Mademoiselle de la Charnaye était fort affaiblie. Outre l'accablement des marches, des veilles et de ses mortelles frayeurs, elle n'avait rien mangé depuis vingt-quatre heures, parce qu'elle donnait à son père le peu de vivres qu'elle avait pu se procurer. Elle n'avait pas senti d'abord ce besoin dans l'état de fièvre où elle était ; mais ses forces étaient vaincues, elle avait les pieds enflés et tout le corps endolori ; son père, malgré ses efforts, l'accablait encore en s'appuyant sur son bras ; elle tomba dans une extrême défaillance et vit le moment où elle ne pourrait plus marcher. Elle se souvint qu'il lui restait un peu de pain de la veille, qui pourrait la soutenir ; il y en avait moins qu'elle ne pensait, et ce n'était qu'une méchante croûte de pain noir. Elle demanda donc à son père s'il avait faim ; le marquis dit qu'il mangerait volontiers, et qu'il avait même grand appétit ; elle répondit qu'elle n'avait que très-peu de chose, et que, pour elle, elle pouvait attendre qu'ils eussent trouvé mieux, et elle lui donna le morceau de pain tout entier.

Pour comble de misère, une pluie drue et froide

commença de tomber ; déjà vêtue assez légèrement pour la saison, mademoiselle de la Charnaye en était toute percée ; elle avait laissé son mantelet au refuge, dans le trouble du départ. De plus, l'inquiétude la gagnait sur l'issue du chemin qu'ils avaient pris ; elle regardait au loin ces taillis impénétrables qui en couvraient les détours ; elle se demandait s'il ne valait pas mieux se réfugier sous ces arbres et attendre qu'une bonne âme passât. Tout à coup elle s'arrêta sans pouls et sans haleine ; le marquis s'était arrêté comme elle :
— N'entendez-vous rien, ma fille ? — Elle ne put répondre. — J'entends les pas..... d'une troupe. — C'est le bruit de la pluie dans les feuilles.

Elle entendait distinctement, dans le chemin dont la haie la séparait, un bruit de pas accélérés comme ceux de soldats en marche ; ils s'y joignait un cliquetis d'armes et de harnais militaires. — Ma fille ! s'écria le marquis, ce sont des troupes, écoutez. — Mademoiselle de la Charnaye, tremblante, ne songeait pas même à trouver une parole. Les pas approchaient.
— Ce sont de nos gens ; je saurai qui c'est, ils nous tireront d'embarras. — Il fit un mouvement pour aller de ce côté, sa fille lui saisit la main. — Au nom du ciel ! mon père, n'en faites rien ; vous savez que les

bleus... — Allons donc ! ils viendraient sans façon en promenade dans le pays insurgé?

Les premiers hommes du détachement défilaient de l'autre côté. — Mon père, mon père ! dit mademoiselle de la Charnaye en arrêtant le marquis. — Mais quoi donc? — J'ai peur ! — Vous êtes folle. — Et, comme il allait élever la voix, elle ne put que se jeter à son cou et lui mettre la main sur la bouche en disant d'une voie étouffée : — Silence ! silence ! Le marquis, tout étourdi, céda à cette violence. Le bruit que faisaient les soldats entre eux fit qu'ils ne s'aperçurent de rien. Ils s'éloignèrent. Le marquis, croyant qu'il ne s'agissait que d'une frayeur déraisonnable de jeune fille, se fâcha et soutint son dire. Mademoiselle de la Charnaye le péril passé, s'excusa de son mieux. Cependant, quoiqu'il ne se plaignît pas, le marquis était visiblement excédé de besoin et de lassitude ; il s'inquiétait de cette course interminable, il demanda plusieurs fois si l'on n'arriverait pas bientôt. Mademoiselle de la Charnaye avoua qu'elle se croyait égarée. Le marquis disait entre ses dents : — Ce drôle de Paulet ne pouvait-il rester avec nous, au lieu de s'en aller courir je ne sais où ?

De temps en temps ils s'arrêtaient, le marquis donnaît ses indications, qui demeuraient fort inutiles, puisqu'il n'était point où il croyait être. L'incertitude et les angoisses de mademoiselle de la Charnaye redoublaient par la crainte du danger qu'ils venaient de courir. Elle se recommanda à Dieu et entraîna son père dans un faux-fuyant au bout duquel on voyait un jour à travers les branches qui le couvraient en voûte. Elle entrevit, en s'approchant de l'issue, une espèce de clairière formée par un de ces embranchements de plusieurs routes qu'on appelle *patte d'oie*.

Ils venaient de passer à peine les derniers arbres, quand un éclat de voix fit retourner mademoiselle de la Charnaye. — Qui vive? cria une sentinelle. — Ami, répondit le marquis. Il y avait en cet endroit une escouade de bleus au repos, les armes en faisceaux ; quelques-uns prirent leurs fusils, les autres se levèrent au bruit; le marquis se mit à crier : — Messieurs, vous êtes nombreux, à ce qu'il me semble. Si vous avez parmi vous quelque chef, faites-moi la grâce de l'appeler. — Mademoiselle de la Charnaye suivait son père sans un mouvement, sans le retenir, comme s'ils marchaient à la mort. Une voix appela le capitaine Mainvielle, les soldats s'avancèrent, et l'officier le premier. — Quelle paroisse? disait le marquis, y a-t-il là quelqu'un de Vauvert? Où va-t-on? Qu'y a-t-il de nouveau? Si vous rejoignez l'armée, nous y allons aussi. — Dans l'étonnement où étaient les militaires, une illumination soudaine traversa l'esprit de mademoiselle de la Charnaye; elle porta la main à son front, signifiant que cet homme n'avait plus sa tête, et, lui tenant le bras, elle fit des épaules un mouvement plein de compassion. L'officier releva les baïonnettes de la main. — Laissez passer ce pauvre homme qui est aveugle, dit-il à voix basse. Mademoiselle de la Charnaye regarda cet officier d'un air de reconnaissance inexprimable. Le visage de cet homme et le nom qu'elle avait entendu lui rappelèrent dans son trouble un souvenir confus. — C'est donc un vieux fou? dit un soldat. Le marquis se retourna surpris et menaçant. Mademoiselle de la Charnaye l'entraîna doucement en lui disant que ces hommes-là étaient étrangers, et en essayant de le calmer par tout ce qu'elle put imaginer; mais sa constance, sa fermeté, son dévouement, étaient à bout. Cette dernière secousse l'avait accablée. Elle avait hâté le pas pour s'éloigner des soldats; elle ne se soutenait plus que par une espèce de fièvre qu'entretenaient le désordre et l'horreur de ses idées. Elle avait pu juger que tous les environs étaient envahis, et que, dans l'ignorance où elle était des chemins, elle n'avait échappé à des périls que pour tomber en de plus grands.

La nuit venait. Elle ne voyait de toutes parts que l'ennemi et la mort. Cette pensée, qu'elle ne savait pas où elle allait, lui revenait toujours; elle jeta les yeux çà et là, et crut reconnaître une avenue des alentours de Vauvert. En effet, après un long circuit, elle s'était sans cesse égarée, et n'avait fait, au lieu de s'en écarter, que revenir au château, c'est-à-dire parmi les bleus. Un frisson lui courut par tout le corps, elle douta un moment; mais à un certain endroit elle découvrit, par une échancrure du feuillage, le faîte de la maison seigneuriale. Ce fut le dernier coup. Elle voulut se jeter aux pieds de son père et lui crier qu'ils étaient perdus; elle tomba sur les genoux, elle allait parler, quand un froissement dans les herbes et des pas précipités qui s'approchaient achevèrent de lui ôter la force. Elle distingua une forme humaine dans le taillis. Un éblouissement l'aveugla, elle ne put que pousser un cri: — Holà! s'écria le marquis; personne ne viendra-t-il au secours de mon enfant? — Un homme parut. — C'est vous, mademoiselle? C'est moi; c'est Paulet, n'ayez pas peur. — Que le diable t'emporte! dit le marquis.

Mademoiselle de la Charnaye était évanouie, on s'occupa de lui donner des soins. Paulet avait de l'eau-de-vie dans une gourde, il lui en mouilla les tempes et les lèvres; elle rouvrit les yeux, il lui fit manger une bouchée de pain, et, sans s'occuper à répondre au marquis : — Allons, courage ! dit-il, courage ! à quelques pas d'ici nous serons tranquilles, il y a bien longtemps que je vous cherche. — Il les prit chacun par un bras, et les entraîna du côté par où il était venu.

Ils arrivèrent à une hutte de *chappuseurs*, une de ces cases où le paysan du Bocage se retire dans les loisirs de l'hiver pour *chappuser*, c'est-à-dire équarrir du bois et façonner ses outils aratoires. C'était une cabane creusée à demi dans la terre, dont le toit, fait de branchages, était presque au niveau du sol et se confondait à s'y tromper avec des tas de fagots amoncelés de tous côtés. On distinguait parfaitement de cet endroit tous les bâtiments de Vauvert, et l'on était pour ainsi dire au pied des murs; mais Paulet insinua à mademoiselle de la Charnaye que cette *cache* était la meilleure, parce qu'on ne songerait pas à les chercher si près du château. Puis, la tirant à part, comme elle lui disait qu'elle l'avait cru mort, il lui raconta ce qui lui était arrivé. Il avait été pris en effet par un détachement dont l'officier lui avait sauvé la vie, et cet officier n'était autre que le frère de Mainvielle, l'ancien valet de chambre de monsieur le marquis. Ce capitaine Mainvielle s'était informé de la famille de M. de la Charnaye, se montrant très-empressé de la secourir, et c'était lui-même qui les avait laissés passer dans le bois de l'Ermitage, au risque de se compromettre vis-à-vis de ses supérieurs. Enfin le brave militaire, après l'avoir arraché à la fusillade, lui Paulet, l'avait pris en apparence pour servir de guide et d'espion à sa compagnie, mais en réalité pour se concerter avec lui sur les moyens d'être utile à son ancien capitaine, M. de la Charnaye, dont il savait tous les malheurs. Paulet dit aussi que tout allait assez bien, mais qu'il fallait encore user des plus grandes précautions, parce que le capitaine Mainvielle lui-même ne pouvait les secourir qu'en se cachant, et risquait sa vie pour eux. Il ajouta qu'il reviendrait dans peu les avertir de ce qui se passerait, et s'en alla en leur laissant du pain qu'il avait sur lui.

L'intérieur de la masure était assez spacieux, et divisé en deux pièces. On y voyait encore les meubles et les ustensiles des gens qui l'avaient habitée. Le marquis, après avoir mangé, se coucha sur une espèce de grabat posé sur des piquets. On lui avait fait entendre qu'on s'était tout à fait égaré. Mademoiselle de la Charnaye, n'osant lui dire qu'il n'y avait qu'un lit, veillait, prêtant l'oreille et tressaillant au cri des oiseaux de nuit.

Au point du jour, elle entendit des roulements de tambour dans le lointain; la pluie tombait encore. Paulet revint les trouver en rampant dans les broussailles, il en avait les mains toutes déchirées; il apprit à mademoiselle de la Charnaye que les bleus, ayant tout dévasté à Vauvert, ne pouvaient manquer de l'abandonner bientôt, qu'il avait été question de mettre le feu au château avant de partir, mais qu'il fallait espérer qu'on y renoncerait. — Et Colombe? demanda mademoiselle de la Charnaye. — Ah! mademoiselle, il n'y faut plus penser, elle est au ciel comme bien d'autres.

Mademoiselle de la Charnaye joignit les mains en baissant la tête sans pleurer : elle n'avait plus de larmes. Elle demanda ensuite si l'on savait quelque chose de l'armée vendéenne. Paulet répondit que non, et que sans doute elle était détruite; et il lui apprit de plus cette effroyable nouvelle, que la reine avait péri sur l'échafaud comme le roi, que le sang coulait toujours par toute la France, et que la terreur était à son comble. Mademoiselle de la Charnaye écoutait d'un air stupide, avec des frissons nerveux ; elle était pâle comme une morte. Cet entretien avait lieu à l'entrée de cette espèce de tanière, et le vent du matin semblait la faire tant souffrir, que Paulet, en s'en allant, lui jeta sur les épaules une manière de couverture en peau de bique dans laquelle il couchait sur la terre. Avant de partir, il lui montra, comme pour la consoler, six cocardes tricolores qu'il serrait dans sa ceinture.

— Ce sont ceux que j'ai abattus depuis hier. Et, comme mademoiselle de la Charnaye, épouvantée, lui reprochait de trahir les bleus, cet homme lui dit avec un calme farouche : — Allons donc ! mademoiselle, est-ce qu'il y a ni foi ni loi avec ceux-là qui ont éventré mes pauvres petits et ma femme, qui est morte en les suppliant ? Hier ils avaient promis de faire grâce aux gens de la Frette, et ils les ont taillés en morceaux. — Mademoiselle de la Charnaye détourna la tête et revint auprès de son père ; le voyant sommeiller doucement, elle se jeta à genoux, et puisa quelque courage dans une prière fervente. Elle pensa, comme Paulet le lui avait dit, que les bleus quitteraient le pays, quand il n'y aurait plus rien à ravager ; et qu'elle pourrait mettre son père en sûreté, ou rejoindre avec lui les débris de l'armée.

Le tambour battait encore ; le marquis se réveilla et demanda ce que c'était. Elle répondit que c'était sans doute la troupe qu'ils avaient rencontrée la veille ; ils déjeunèrent ensuite avec leur pain noir : elle fit entendre à son père qu'il était impossible de trouver autre chose chez les bons campagnards qui les avaient reçus.

— Mais comment se fait-il, reprit tout à coup le marquis, qu'entouré de nos paysans, je ne sache rien de ce qui se passe ? — Elle reprit que ces gens-là ne savaient rien eux-mêmes, et que, le théâtre de la guerre étant au delà de la Loire, les communications étaient fort difficiles. — Où sommes-nous enfin ? — Elle répondit en balbutiant qu'elle l'ignorait elle-même. — Je ne sais comment nous vivons, ni ce que nous faisons, dit le marquis d'un ton sévère ; vous ne me cachez rien, je pense, mademoiselle de la Charnaye ?

Depuis longtemps les facultés du marquis s'étaient visiblement affaiblies ; l'âge, les infirmités, l'erreur où on le tenait, l'avaient mis dans une dépendance puérile à laquelle mademoiselle de la Charnaye s'était accoutumée : ce réveil menaçant la confondit. — On n'a pris aucune précaution, je suppose, reprit le marquis, et nous n'aurons plus de nouvelles de mon fils !

Or mademoiselle de la Charnaye avait sur elle la dernière lettre supposée qu'elle avait écrite la veille du départ ; elle répliqua que Paulet lui avait remis des papiers. — Que ne les lisez-vous donc ? dit brusquement le marquis. Elle jugea qu'il fallait encore faire cet effort, qui serait le dernier peut-être ; elle s'approcha d'une ouverture qui laissait pénétrer un rayon de lumière, et lut ceci d'une voix altérée : «... On a repris les hostilités depuis le 15 ; le moment a été jugé favorable à cause des divisions de la Convention et des succès des alliés. L'Espagne a cessé les négociations, la guerre se rallume de toutes parts. »

— Dieu soit loué ! interrompit le marquis, point d'accommodement avec ces monstres.

«... Le corps d'armée des généraux Kléber et Marceau, battu à Laval, s'est reformé à Antrain. Nous marchons sur Granville... »

— Que diable vont-ils faire à Granville ? dit-il encore.

Mademoiselle de la Charnaye avait disposé cette lettre d'après les rumeurs vagues qui couraient sur l'expédition d'outre-Loire. Elle reprit :

« ... Cette marche a été décidée sur l'assurance des secours de la flotte anglaise ; la reine d'ailleurs l'a approuvée en plein conseil... » A ce mot, mademoiselle de la Charnaye, qui venait d'apprendre le supplice de Marie-Antoinette, s'arrêta suffoquée et leva les yeux au ciel, comme pour demander pardon à cette ombre auguste.

— La reine ? dit le marquis. — J'y vois à peine, reprit mademoiselle de la Charnaye d'un ton ferme.

« ... La reine, au moment du départ, a passé dans nos rangs, son fils dans ses bras, et nous avons tous juré de mourir ou de la rétablir sur son trône. »

— Ah ! malheureux ! s'écria le marquis ; que ne puis-je mourir aussi après avoir vu cette scène ! Oui, madame, vive le roi votre auguste fils ! — Mademoiselle de la Charnaye profita de cet instant pour reprendre haleine.

« ... On s'est mis en route aussitôt... »

Une détonation épouvantable, au milieu d'un bruit de mousqueterie, ébranla tout à coup les profondeurs du bois. Mademoiselle de la Charnaye, terrifiée, regarda par la lucarne, et vit dans la direction du château un nuage de fumée et les lueurs d'un vaste incendie ; un moment après, la flamme s'éleva. —

Qu'arrive-t-il ? répétait le marquis. Mademoiselle de la Charnaye monta sur le rebord d'une charpente et leva la tête hors du toit : elle vit tout le château de Vauvert en feu; les combles s'effondraient, les tours s'écroulaient, les soldats couraient de fenêtre en fenêtre, pillant et jetant du linge et des meubles. Elle ne pouvait détacher ses yeux de cet horrible spectacle, et ne répondait rien à son père. Mais bientôt le sang de la noble race qui avait vécu sous ce toit vénérable s'indigna dans les veines de cette jeune fille ; tout l'esprit de la famille se ralluma pour un instant en elle seule; elle faillit s'écrier : Mon père, on brûle votre maison ! et le traîner avec elle sous les décombres.

Elle retomba sur le banc en disant : — Mon père, ce bruit me fait grand'peur. Le marquis, distrait de sa curiosité, s'efforça de la rassurer, et finit par dire que Paulet saurait sans doute la cause de ce qu'ils avaient entendu. Un peu après, il revint à ses idées dominantes. — Toujours les Anglais ? Vous verrez comme ils s'en tireront... Une partie gagnée... Nous n'en avions pas pour trois mois à prendre Paris. Continuez, je vous prie...

Mademoiselle de la Charnaye ramassa le papier:

« ... Notre artillerie s'est enrichie de nos prises. Un

corps de Bretons vient de nous rejoindre, ce qui nous fait en somme un renfort considérable d'hommes et de munitions. Nous comptons en outre trouver de nouvelles forces dans chaque département. Dieu vous garde, et vive le roi! »

— Vive le roi! répéta le marquis avec enthousiasme. Ma fille, écoutez-moi, faisons diligence, je vous en prie ; je ne mourrai pas inutilement, j'en suis sûr ; je veux qu'on attache mon cheval à celui de mon fils, et qu'il me mène au milieu d'un bataillon ennemi.

Il se mit à chantonner entre ses dents la vieille marche du régiment de Flandre.

Mademoiselle de la Charnaye, regardant toujours la fumée que le vent chassait au-dessus des arbres, épiait des bruits sinistres. Le tambour s'approchait en divers sens; elle entendit des cris au loin, puis des pas tout proches, puis un mouvement dans la ramée; elle se couvrit le visage de son mouchoir. Un coup de poing fit sauter le volet qui fermait l'entrée. C'était Paulet. Il saisit mademoiselle de la Charnaye par le bras, l'attira sur le seuil, et lui dit tout essoufflé : — Cela va mal, ils viennent de brûler le château. J'ai fait une demi-lieue pour vous avertir. On a découvert que le marquis est dans le pays, et on le cherche ; ils battent les buissons. Ne bougez point ; ce fourré est inabordable, et c'est encore l'endroit le plus sûr. — Je veux sortir ! s'écria mademoiselle de la Charnaye hors d'elle-même ; ne me quittez pas, nous allons sortir. — Dieu vous en garde ! vous ne feriez pas un pas sans vous livrer ; du courage ! j'ai mon fusil ici près, je reviendrai vous prendre. — Il s'approcha avec un regard qui semblait dire : Peut-être ne nous verrons-nous plus ; il baisa la main de mademoiselle de la Charnaye et se perdit comme un daim dans l'épaisseur du bois.

Tout à coup, dans la direction qu'il avait prise, partit un coup de feu suivi d'un profond silence. Elle rentra en s'appuyant aux parois, sa raison était ébranlée. — Ne pourrions-nous nous remettre en marche? dit le marquis. — Il pleut, lui répondit sa fille. — Je le crois, et ce logis est déjà très-humide. Au moins, qu'on fasse du feu. — Non, dit-elle vivement, car elle savait que c'eût été se trahir infailliblement... Non, reprit-elle glacée de terreur. Elle venait d'entendre la marche et les voix d'une troupe nombreuse.

— Je suis transi, dit le marquis en lui prenant les mains ; et vous-même, mon enfant, vous tremblez ;

c'est égal, ajouta-t-il en se frottant les jambes, ce n'est rien auprès de ce que nous avons souffert en Souabe.

Les gens qu'on entendait n'étaient plus qu'à quelques pas. Mademoiselle de la Charnaye vit par l'ouverture les baïonnettes qui dépassaient le taillis, puis elle distingua à travers les branches l'éclat des armes et des uniformes. Les soldats étaient éparpillés et s'avançaient avec précaution vers la hutte. A ce moment un véritable délire la saisit, le battement de ses tempes l'étourdit, elle ne voyait plus, n'entendait plus ; elle entrevit seulement comme un éclair que tout était fini, et qu'elle sauverait peut-être son père en se livrant ; elle se leva, s'arrêta encore, se jeta dans le bois, et se mit à courir, avec toutes les forces du désespoir, d'un côté opposé, en répétant, les mains crispées sur sa poitrine : Mon Dieu, mon Dieu, sauvez mon père ! — Une *brigande !* cria un bleu. Le linge blanc qu'elle portait la faisait distinguer à travers le bois. Elle avait réussi. Les soldats se détournèrent, se la montrèrent l'un à l'autre, et se mirent à sa poursuite, appesantis par leur bagage.

Elle courait avec une vigueur inconcevable, les cheveux flottants, s'accrochant aux branches, rompant les herbes, déchirant ses pieds et ses mains, pour les attirer le plus loin possible. On lui tira huit ou dix coups de fusil malgré les cris du sergent. Elle ne tomba point. Les bleus les plus éloignés coururent à la traverse pour lui couper le passage; un soldat plus animé était sur le point de l'atteindre. Ce danger la précipite encore, mais sa robe s'embarrasse dans un branchage; elle tombe, se dégage, retombe, on court, on la prend. On vit alors sa robe tachée de sang. Elle avait trois balles dans les reins. Le sergent s'approcha, et dit de la part du capitaine qu'on ne lui fît pas d'autre mal, et qu'on la menât au quartier. Comme elle était évanouie, on croisa des fusils, on l'emporta sur ce brancard.

Les soldats, sauf les quelques hommes qui s'étaient détachés pour escorter la *brigande*, retournèrent sur leurs pas. Harassés de fatigue, et à peu près satisfaits de cette capture, ils ne cherchaient plus qu'un abri pour se reposer. La terre était partout trempée de pluie. Ils se rapprochèrent en causant de l'endroit où ils étaient d'abord. Des chevaux passèrent au galop. C'étaient le représentant, le chef de brigade et quelques gendarmes qui regagnaient les postes.

Tandis que cette scène s'était passée, le marquis,

étonné d'abord de se trouver seul, avait appelé sa fille, de trop loin heureusement pour être entendu. Il pensa qu'elle était sortie pour parer en quelque chose au dénûment où ils étaient ; et, comme le froid lui devenait insupportable, il rôdait dans sa loge, cherchant çà et là les moyens de faire du feu. Il avait une longue habitude des chaumières du Bocage, et il fouilla d'abord le foyer ; les cendres étaient froides, mais on y avait laissé des débris de bourrées. Il tâta le long de la cheminée, trouva le *sabot* où l'on met les allumettes, et avec les allumettes, l'amadou et le briquet du bûcheron. Il embrasa l'amadou dans un morceau de linge qui prit feu ; il s'accroupit, attisa, souffla, et fit tant, avec mille peines, qu'il parvint à mettre le feu aux feuilles sèches, puis il s'établit tout réjoui devant l'âtre. La flamme monta bientôt avec des flots de fumée.

Un groupe de quatre ou cinq soldats venait de s'engager parmi d'épais *ajoncs*, et s'occupait d'étendre les capotes sur un terrain plus sec pour s'y coucher, quand l'un d'entre eux, levant la tête en maudissant la pluie, hésita un moment, et puis dit qu'il voyait un filet de fumée qui partait de quelque trou de brigand.

— Grand bien lui fasse ! dit le caporal ; je ne suis pas

en état de le déranger. — Cependant l'espérance d'un meilleur gîte les fit tous se lever et se remettre en quête.

Ils se dégagèrent avec peine du fourré et arrivèrent aux amas de fagots qui cachaient la hutte; mais ils cherchèrent inutilement de tous côtés, sur ce ciel brumeux, la fumée qu'on avait vue. — C'est un feu éteint, dit l'un d'entre eux. — Ils donnèrent quelques coups de baïonnette dans les bourrées, et, n'y voyant nulles traces, ils s'accommodèrent de l'endroit, s'y établirent çà et là, et s'endormirent pour la plupart.

Une heure s'écoula. Le marquis, blotti au coin de l'âtre éteint, récitait son chapelet pour s'exhorter à la patience. Cependant il se lassait d'attendre, le froid l'avait repris; l'inquiétude l'emporte, il se met à crier : — Thérèse! Thérèse! — Les soldats ronflaient et ne bougèrent point. Le marquis s'échauffe au bruit de sa voix et reprend du haut de sa tête : — Paulet! Paulet!

— Qu'est-ce qu'il y a? dit le caporal à son camarade, qui s'étirait sur ses fagots. Le marquis appelait toujours. — Il y a quelqu'un là, dit un soldat. — Quelqu'un de chez nous? — Le caporal se leva.

Il entend la même voix, qui semble sortir de terre

et qui le guide. Il cherche, tourne, soulève les branches, se glisse au travers. — Holà! dit cet homme à demi endormi, voici l'abri; nous sommes bien bons de rester à l'air.

Le marquis s'était tu à ce bruit. Deux des soldats eurent le courage de se lever. — Laissons dormir les fainéants, dit le caporal. — Ils se glissèrent en rampant dans la hutte, qui était obscure.

M. de la Charnaye était dans un coin qui écoutait; ils ne le virent point. — Voilà le feu qui fume, dit l'un; les brigands ne font que de partir. Je pense bien qu'il y en a un qui s'étouffe par ici. — Bon! dit l'autre, mon amadou était mouillé.

Le soldat prit un tison pour allumer sa pipe. — Qui va là? s'écria le marquis. — Qui va là, toi-même? dit le soldat en lui portant son tison au visage. — Il vit qu'il était aveugle.

— En voici un, dit-il, qui n'a pas pu suivre les autres. — Messieurs, dit le marquis en se levant et d'un ton impérieux, à qui ai-je l'honneur de parler? — Les soldats se mirent à rire, et allumèrent leur pipe sans lui répondre.

— Messieurs, reprit-il, ayez égard, je suis vieux et infirme. Dites-moi si vous savez quelque chose sur les événements; et si vous n'avez pas vu ma fille près d'ici. — Approche, qu'on t'examine, dit le caporal en le prenant au collet. — Prenez garde à qui vous parlez, dit le marquis en se redressant de toute sa taille; sachez que je suis l'un de vos officiers, et que ce sont les bleus qui m'ont mis dans l'état que vous voyez. — Ne te gêne pas, dit le caporal en se tournant vers ses hommes; je te conseille de t'en vanter. C'est bon, on prendra soin de toi. — Puis il appela ses camarades en dehors ; la hutte se remplit de soldats.

Le marquis continuait sur le même ton. — Ah! c'est donc ainsi que se conduisent nos hommes à présent? J'en informerai vos chefs, et je vous ferai dégrader à la tête de vos paroisses. Je vous apprendrai, blancsbecs, à respecter les vieilles moustaches! — C'est un restant de ci-devant, dit le caporal en sortant ; allons chercher l'officier et le représentant, qu'ils fassent de lui ce qu'ils voudront. — On laissa deux hommes en faction à l'entrée.

Les soldats pensaient que cet homme était le maître du château qu'on avait tant cherché. Le représentant, pressé de partir, chargea le chef de brigade de s'en assurer. Le capitaine Mainvielle fut le premier instruit de la découverte, et résolut avec Paulet, qui se désolait, de tenter un dernier effort pour sauver du moins M. de la Charnaye. On venait d'expédier sa fille à Nantes, mais si malade, qu'ils espéraient qu'elle échapperait au supplice.

Ils convinrent que Paulet s'introduirait auprès du marquis, sous prétexte de son métier d'espion, et le déciderait à cacher sa qualité, après quoi l'on tâcherait de le faire évader. Le capitaine Mainvielle risquait sa tête pour son ancien officier. Il accompagna Paulet lui-même, et lui ménagea la bonne volonté des factionnaires.

Paulet se glissa jusqu'auprès de M. de la Charnaye, qu'il trouva debout, encore tout échauffé, et tâtant au long des murs comme pour sortir. — Ah! c'est toi, Paulet, s'écria-t-il, cela est heureux... — Et, comme il entamait ses récriminations, Paulet se jeta à ses pieds, lui prit les mains, les mouilla de pleurs. — Monsieur le marquis, qu'avez-vous fait? tout est perdu! — Et il lui raconta à la hâte, d'une voix entrecoupée de sanglots, où ils étaient, ce qui se passait, l'état du pays et tout ce qu'on lui avait caché. Le marquis le repoussa comme s'il rêvait; Paulet ajouta ce qu'il put, avec des protestations pressantes et des marques de désespoir qui ne permettaient pas un doute. M. de la Charnaye, étourdi, dit enfin : — Et nos armées ? — Ah ! monsieur le marquis, vous ne savez rien : détruites, dispersées ; le pays est en cendres. — Et la reine ? — Morte à Paris sur l'échafaud depuis deux mois. — Et le jeune roi ? — Toujours en prison dans la tour du Temple. — Et la coalition étrangère ? — Vaincue, dissoute. — Et mon fils ? — Il est mort, monsieur le marquis.

A ces questions faites coup sur coup, on eût dit un homme qui roule dans un abîme, et jette ses mains de place en place pour se retenir. Il sembla que le marquis, par un miracle terrible, rouvrait les yeux devant ces effroyables événements. Il laissa tomber sa tête sur ses genoux ; Paulet se releva plein d'impatience. — Il n'y a point une minute à perdre, il faut vous sauver, les soldats vont venir : il y a un officier qui vous protége ; vous avez des habits de paysan comme moi, on dira que vous êtes mon père ou que vous n'avez pas la tête à vous ; laissez-moi parler, cela suffira.

Le marquis ne répondit point. — Je les entends qui viennent, reprit Paulet hors de lui ; c'est convenu : vous n'aurez rien à dire, vous vous appelez Jacques, c'est le nom de mon père. — Et il s'en alla.

En effet, le commandant arrivait, s'informant avec les officiers et rapportant les ordres du représentant.

Le capitaine Mainvielle lui dit que cet homme était un paysan idiot et de plus aveugle. On fit dégager l'ouverture de la hutte, et les officiers s'y introduisirent.

Le capitaine Mainvielle dit au marquis : Citoyen, voici le chef de brigade qui vient t'interroger. — C'est bien inutile, dit Paulet ; c'est mon père, qui est un pauvre infirme. Il fit signe de la main qu'il n'avait pas l'esprit libre. — Silence ! dit le commandant ; qu'il s'explique, on verra. — Il reprit : — Dis donc, l'homme, comment t'appelles-tu ? Qui es-tu ?

Le marquis se leva au milieu d'un profond silence, et dit : — Je m'appelle Marie-Athanase Chrestien, marquis de la Charnaye, et le dernier de cette maison !
— Vous voyez bien qu'il ne faut pas l'écouter ! s'écria Paulet. Le capitaine Mainvielle pâlit et dit en haussant les épaules : — C'est un vieux fou. — Non pas, messieurs, s'écria le marquis à pleine voix ; je suis le marquis de la Charnaye ! j'ai perdu mon roi, mes enfants, mes biens ; obligez-moi de me laisser mourir. — Il ouvrit sa veste, prit son portefeuille et le jeta aux pieds du commandant.

Le commandant lança un regard sévère au capitaine Mainvielle. Il fit examiner les titres par les secrétaires.
— C'est bon, dit-il ensuite : qu'on l'emmène

M. de la Charnaye, à dater de ce moment, ne répondit plus à personne, pas même à Paulet, qui tenta plusieurs fois de lui parler, et, chose singulière, il ne dit plus un mot de sa fille.

Il passa la nuit au campement, et fut dépêché à Nantes le lendemain. Cet homme, à cet âge et dans ce malheur, avait conservé une force de corps et d'esprit incroyable : il fit dix-huit lieues à pied en plein hiver, la tête découverte, attaché à un fourgon côte à côte avec des soldats.

On trouve de derniers détails sur M. de la Charnaye dans la correspondance d'un M. Huon du Pahloup, officier vendéen, qui se réfugia à Nantes même, où il passa les jours les plus affreux du règne de Carrier sous les habits d'un homme du peuple :

« ... M. de la Charnaye fut jeté dans la prison qu'on appelait l'Hôpital. Quatre mille prisonniers, entassés les uns sur les autres, s'étouffaient dans ce charnier, sans feu et sans pain. On n'y relevait pas les morts, on n'employait à le vider que les charrettes de la guillotine. M. le marquis de la Charnaye fut confondu dans cette multitude, et personne n'a rien dit de ce prisonnier aveugle ; il est probable qu'il y serait mort de faim dans son coin s'il y fût resté plus longtemps...

» Un jour la foule entoura les charretées qui marchaient vers l'échafaud. Carrier avait fait ajouter au cortége un chœur de musique patriotique. On vit sur l'une des charrettes un vieillard à cheveux blancs et aveugle, qui inspirait une pitié profonde. Personne alors ne le reconnut ; mais voici ce qui arriva, ce que tout Nantes a vu et qui a été raconté par les valets de l'exécuteur. Il y avait sur la même charrette une jeune fille à demi morte déjà et mêlée à des sœurs de la Sagesse qu'on exécutait aussi ce jour-là. Ayant tourné la tête vers le vieillard, elle s'appuya sur le rebord et demanda aux religieuses de la laisser passer jusqu'auprès de cet homme, qu'elle appela son père. Ils firent un mouvement l'un vers l'autre, mais ils avaient les mains attachées. On la vit se mettre à genoux ; elle semblait lui demander pardon. M. le marquis de la Charnaye (car c'était lui) pleura, lui qui avait paru si ferme jusque-là. Elle se pencha ensuite sur son sein, et ils demeurèrent ainsi comme deux statues jusqu'à la place fatale. Les cœurs étaient brisés de cette scène.

» Ils descendirent les derniers, et l'on essaya de les séparer. Le couteau de la machine tombait et se relevait avec un bruit terrible. Comme l'exécuteur venait les chercher, le vieux M. de la Charnaye lui dit en se détournant : — Monsieur, je vous demande une grâce : cette femme est ma fille, et je vous prie de la faire mourir avant moi ; moi, du moins, je ne la verrai pas.

— Le bourreau lui accorda ce qu'il demandait et saisit mademoiselle de la Charnaye ; le père monta derrière elle, en la tenant par le pan de sa robe. Ils s'embrassèrent encore sur l'échafaud. Quand on la lui arracha, il s'écria : *Vive le Roi !* et, quand ce fut son tour, il cria encore par deux fois : *Vive le Roi !* et leurs têtes s'allèrent rejoindre au bas de l'échafaud. Un mouvement indéfinissable trahit l'horreur de la foule qui regardait... »

HECTOR

DE LOCMARIA

HECTOR DE LOCMARIA

Depuis le départ de M. de Locmaria, qui avait pris part au soulèvement de la Vendée, le vieux M. de Soulanges, son beau-père, avait quitté son château de Grandchamp, qui fut depuis dévasté et vendu comme bien national, pour venir demeurer avec sa fille dans la maison qu'elle habitait près de Vannes. M. de Locmaria fut tué à la bataille de Torfou en chargeant les Mayençais de Kléber. Son domestique, étant parvenu à le reconnaître parmi les morts, écrivit à M. de Soulanges, qui fit transporter son corps jusqu'à Vannes, et l'enterra dans son jardin. Hector, fils unique de madame de Locmaria, qui servait d'abord dans le régiment d'Anjou, s'était enrôlé dans la garde royale, dite *constitutionnelle*, qu'on avait donnée au roi Louis XVI. Par suite des événements du mois d'août 1792, il s'était vu forcé d'émigrer. Il se retira dans le Hanovre; on sut depuis qu'il avait pris du service en Hollande.

Madame de Locmaria demeura donc seule avec son père et mademoiselle Victorine de Soulanges, la fille d'une de ses cousines germaines. Mademoiselle de Soulanges, en très-bas âge, avait perdu sa mère, qui l'avait laissée dans un abandon d'autant plus grand que son père, M. Georges de Soulanges, servait le roi dans la marine à peu près sans autre bien que son épée. Madame de Locmaria s'était chargée de cette enfant avec l'intention de lui faire un jour épouser son fils Hector. La mort de M. Georges de Soulanges, tué du premier boulet anglais au combat naval d'Ouessant, confirma ses projets.

Il y avait encore au logis l'abbé Queyriaux, qui avait fait l'éducation du vicomte Hector de Locmaria. Au départ de son élève, on l'avait pourvu d'une cure dans les environs ; mais, persécuté par le nouveau régime et déjà vieux, madame de Locmaria l'avait recueilli de nouveau. Il allait encore de temps en temps dire la messe en secret dans les paroisses, et la disait régulièrement chez madame de Locmaria, où se réunissaient quelques personnes des environs. Le vieux domestique de feu M. de Locmaria, qui avait servi trois générations de la famille, et qui en faisait partie pour ainsi dire, gouvernait la maison, où il était revenu depuis la mort de son maître. Il avait sous lui, pour faire le service, trois paysans de Grandchamp, qui n'avaient pas voulu quitter leur vieux seigneur, M. de Soulanges.

Ces cinq personnes s'étaient ainsi réunies pour mieux soutenir l'effort de la tempête. En effet, souvent réduites à se cacher, tantôt fuyant et changeant de lieu, toujours protégées par les habitants des campagnes voisines, grâce encore à la situation de la maison, qui était éloignée de la route et abritée dans une sorte de gorge par des hauteurs couvertes de bois, elles parvinrent à traverser sans autres malheurs l'effroyable époque de la Terreur. On avait su d'ailleurs répandre le bruit que M. de Soulanges, vieux capitaine de vaisseau, ne se mêlait en rien des complots qui occupaient alors les royalistes de la Bretagne; on ne craignait rien enfin de deux femmes et d'un vieillard.

Véritablement M. de Soulanges ne comprenait rien à la guerre faite autrement qu'à grands coups de canon, sur de bonnes frégates et selon toutes les règles de la tactique. Il savait trop combien la discipline et la soumission sont nécessaires dans toute entreprise, il connaissait trop les hommes et le désaccord de leurs vanités, pour croire à la réussite des mille intrigues du moment ; il savait trop que les prétentions rivales de la noblesse ne pouvaient utilement servir l'État qu'entre les mains d'un chef ; il se moquait même assez volontiers des tentatives qui se succédaient, tout en regrettant les prodiges de courage et de dévouement prodigués en vain pour des résultats qu'il avait trop prévus.

Depuis la mort de Robespierre et la réaction du 9 thermidor, M. de Soulanges et sa famille étaient dans une plus grande tranquillité. L'espoir renaissait chez les royalistes : leurs opinions reprenaient le dessus à Paris et dans toute la France ; enfin le fameux armement de l'Angleterre fit trembler à leur tour les républicains ; en Bretagne surtout, les révolutionnaires fuyaient de toutes parts, les autorités civiles avaient donné l'exemple, les gardes nationales étaient à la débandade, ou passaient aux royalistes ; l'expédition royale débarqua sans un coup de feu dans la baie de Quiberon, prit Auray et s'établit sur la côte : le pays lui était gagné. En même temps, le prince de Condé, faisant diversion, allait entrer en Alsace à la tête de son armée. Monsieur, frère du roi, avec des secours considérables, allait rejoindre Charette dans la Vendée, sur la flotte de lord Moyra. Le succès semblait décidé. On sait comment l'entreprise échoua par la mésintelligence des agents secrets ou publics de la cause royale. On apprit bientôt les avantages successifs du général Hoche, et enfin la fameuse catastrophe de Quiberon, où deux mille émigrés, la fleur de la noblesse française, avaient été pris ou tués.

Aussitôt les autorités républicaines se relevèrent triomphantes, et se vengèrent de la honte de leurs frayeurs par un redoublement de tyrannie. La terreur recommença. Quatre délégués de la Convention, qui s'étaient réfugiés à Lorient au premier bruit du canon, ordonnèrent dans toute la Bretagne l'arrestation des parents d'émigrés et des prêtres qu'on avait relâchés. M. de Soulanges et sa maison furent de nouveau menacés.

Six jours après le désastre, au milieu des périls renaissants, l'émotion causée par les tristes événements qu'on avait appris coup sur coup tenait la famille réunie dans la grand'salle. C'était le soir du

9 thermidor 1795, digne anniversaire de la chute de Robespierre. On l'avait célébré dans les clubs de Vannes par des hymnes patriotiques et des danses qui devaient durer toute la nuit. La victoire de Quiberon mettait le comble à cette joie. M. de Caradec, vieux chevalier de Saint-Louis, mal caché chez son fermier, était venu se joindre à ses amis et s'entretenir avec eux de la défaite des royalistes : car ce qui augmentait le trouble de ces moments, c'était la grande difficulté de savoir des nouvelles avec toutes les précautions qu'on avait à prendre. Des domestiques, dépêchés d'heure en heure sur la route de Vannes, venaient rapporter à M. de Soulanges les bruits qu'ils avaient recueillis. On savait que quinze cents émigrés étaient prisonniers, à la vérité sur la foi d'une capitulation, mais il courait depuis le matin des rumeurs sinistres sur leur prétendu jugement à Auray. En outre, des corps nombreux de royalistes, et notamment d'insurgés bretons, dispersés sur la côte, erraient de toutes parts sous le coup de la peine de mort. On avait appris ces détails de plusieurs de ces fugitifs, dont le pays était couvert.

Il faisait ce soir-là un temps affreux qui avait avancé la nuit. Après une des journées les plus chaudes de la saison, le ciel s'était tout à coup chargé de ténèbres, une tempête furieuse venait d'éclater. La pluie tombait à torrents, les arbres craquaient sous l'effort de l'orage, et le tonnerre grondait par intervalles avec un bruit formidable.

Les grilles du clos, des jardins, toutes les issues de la maison, étaient soigneusement fermées. La grand'-salle, bien fermée aussi, était à peine éclairée de deux bougies qui laissaient dans l'ombre, au fond, les replis des hautes tapisseries. Les cinq personnes qui s'y trouvaient rassemblées gardaient le silence. C'était l'heure du souper. On entendait les domestiques qui dressaient le couvert dans la salle voisine, de l'autre côté du vestibule.

M. de Caradec, debout, la tête appuyée sur le manteau de la cheminée, levait par habitude un de ses pieds comme pour le chauffer, bien qu'il n'y eût point de feu. M. de Soulanges était en face de lui, couché plutôt qu'assis dans son fauteuil, son mouchoir sur l'un des bras du fauteuil, sa canne entre les jambes et sa tabatière à la main. Dans un coin derrière la cheminée, l'abbé Queyriaux, privé de sa partie d'échecs, sommeillait, la tête penchée sur la poitrine. Madame de Locmaria était assise vers la fenêtre, près du guéridon qui portait les bougies, un livre ouvert devant elle, mais elle ne lisait pas, et tenait les bras croisés languissamment. Mademoiselle de Soulanges, de l'autre côté, travaillait à une tapisserie amoncelée à ses pieds.

Mademoiselle de Soulanges venait d'atteindre dix-neuf ans. Privée dès l'enfance de ses parents, qu'elle avait à peine connus, sans espoir d'établissement, sa physionomie, ses manières, avaient pris cet air de soumission craintive, de douceur extrême, que donnent l'habitude de vivre chez les autres et la continuelle dépendance. Elle parlait peu et toujours très-bas. La fierté de ses traits, la vivacité de ses grands yeux noirs, témoignaient pourtant d'un naturel ardent longtemps combattu sans doute et enfin assoupli. Une grande et solide dévotion y avait contribué. Ce n'était pas d'ailleurs qu'elle ne fût entourée chez M. de Soulanges des plus grands égards et de la plus vive affection ; madame de Locmaria, depuis le départ de son fils, la regardait comme sa propre enfant, ou plutôt comme sa sœur, par la longue habitude et le perpétuel échange des confidences. Elle lui avait toujours dit que leurs maisons n'en feraient qu'une, et qu'elle n'eût point à s'inquiéter de son établissement. Ces promesses s'étaient renouvelées au départ du jeune vicomte : mais, depuis la Révolution, l'absence d'Hector, qui avait émigré, la guerre interminable, en avaient découvert l'incertitude à mademoiselle de Soulanges. Elle avait parlé de prendre le voile, madame de Locmaria s'y était opposée, toujours dans cette vue de la marier à son fils ; elle avait obtenu du moins que mademoiselle de Soulanges attendrait un peu plus de calme et de fixité dans l'état des choses, et peut-être ne faisait-elle que flatter un espoir secret : mademoiselle de Soulanges était toute remplie des souvenirs de son cousin, qui était à peu près le seul homme jeune qu'elle eût jamais vu. Ce qu'on disait de lui, sa conduite au 10 août, où il avait essayé de sauver le roi, ses combats sur le Rhin, la misère et les fatigues de son exil, lui échauffaient sans cesse l'imagination ; et, quoiqu'elle écoutât madame de Locmaria d'un air toujours ferme et tranquille, quoiqu'elle s'efforçât de la consoler, son cœur se fondait dans ces entretiens. En attendant, elle tenait véritablement la place de la fille de la maison. Au défaut de madame de Locmaria, qui était d'une faible santé, elle s'était chargée de tous les soins intérieurs. C'était elle qui parlait le moins et qui agissait le plus. Elle semblait étrangère à ce qu'on faisait autour d'elle, mais, avant

11.

de s'asseoir silencieusement à cette place, elle avait distribué la besogne, commandé les repas, livré les provisions, fourni le linge et tout surveillé.

La conversation languissait donc, et laissait entendre au dehors les mugissements de l'orage. On n'avait rien de bon à se dire. M. de Caradec fit quelques pas vers la fenêtre et rompit le silence par une exclamation sur le mauvais temps. Chacune des personnes qui étaient là eut la même idée sur les fugitifs de l'armée royale, qui battaient la campagne sans abri.

— Dominique! cria M. de Soulanges, faites ouvrir les portes du clos, et vous allumerez un fanal à la lucarne qui regarde la route d'Auray.

Il reprit plus bas :

— Si quelques-uns de ces malheureux officiers errent de ce côté, ils trouveront un asile chez madame de Locmaria.

Le vieux Dominique représenta que des patrouilles parcouraient le pays, menées par des officiers municipaux, et qu'il était à craindre qu'on ne recommençât les visites domiciliaires.

Ce mot fit une impression qui se trahit par quelques mouvements imperceptibles.

— Qu'importe? reprit brusquement M. de Soulanges,

nous ne valons plus la peine; tous tant que nous sommes, d'être sauvés aux dépens de qui que ce soit. Mettez le fanal.

Madame de Locmaria leva tristement les yeux sur son père et les détourna sans oser rien dire. Mademoiselle de Soulanges, accoutumée depuis trois ans à ces angoisses, brodait en rêvant, sans entendre ce qu'on disait. Le comte reprit :

— Voilà où l'on a réduit nos maisons; pas une tête vive, pas un bras jeune et fort; on est sûr d'avance, dans ces temps-ci, de n'y trouver que des vieux et des femmes. Allez, allez; ne prenons point tant garde à nous, nous n'avons rien à perdre. Quant à moi, j'ai fait mon temps; que nos fils fassent le leur.

M. de Caradec, sec et vif malgré son grand âge, toujours bouillant, toujours aigri depuis 89, s'emportait du même goût dans les conversations politiques. Il avait approuvé la descente de Quiberon, contre le sentiment de M. de Soulanges. Il se tourna vers lui :

— Oui, nos enfants se battent, nos enfants périssent, mais ils s'agitent, du moins, ils coupent la gorge à quelques-uns de ces misérables; et cela est bien consolant.

— Oui, dit le comte, mais ils versent à flots et inutilement un sang précieux qui fera plus tard grand défaut à la France.

— Qui eût pu deviner, qui pouvait prévoir une telle suite de contre-temps et de trahisons? s'écria vivement M. de Caradec.

— Moi, dit le comte en souriant : si vous m'aviez dit que M. le comte d'Artois ne commanderait pas l'expédition en personne, qu'on s'adresserait à la fois à M. de Charette en Vendée et à nos chefs bretons, qu'on mettrait deux gentilshommes à la tête des troupes, avec des pouvoirs égaux, qu'on laisserait une ombre de crédit à des intrigants ténébreux, enfin que tous les instruments de l'entreprise ne seraient point mus par une seule volonté, je vous aurais certainement prédit à peu près tout ce qui est arrivé.

— Eh bien, reprit M. de Caradec, quand les émigrés auraient péri jusqu'au dernier sur cette fatale plage de Quiberon, ne vaut-il pas mieux mourir sur le sol français que de traîner tristement sa vie à l'étranger à la vue des monstres qui déchirent impunément le sein de la France?

— Cela ne fera qu'irriter les révolutionnaires, reprit tranquillement M. de Soulanges, et troubler le repos dont nous commencions à jouir.

En ce moment, un grand éclair blanchit les vitres et fit pâlir les bougies ; il fut suivi d'un éclat de tonnerre. Mademoiselle de Soulanges tressaillit, chacun garda le silence. Le vent grondant avec furie chassait la pluie contre la fenêtre, qui criait sous l'effort.

— Chaque fois qu'il fait de ces orages, dit madame de Locmaria, je ne puis m'empêcher de songer à mon pauvre Hector. Que fait à présent ce cher enfant ? où est-il ? Mon Dieu, il a froid peut-être, il a faim, il est au bivac ou en marche par la neige et la pluie.

— Pauvre Hector ! dit l'abbé en se réveillant.

Madame de Locmaria leva les yeux sur un portrait au pastel, qui représentait le vicomte en uniforme de sous-lieutenant au régiment d'Anjou. M. de Soulanges dit à sa fille en se retournant :

— Il ne fait pas plus froid en Basse-Saxe qu'en ce pays-ci, dans la saison où nous sommes.

— Hélas ! reprit-elle en soupirant, qui sait quand nous le reverrons, ici, dans cette salle, sur ce tabouret où il se tenait à mes pieds ? Sans ces événements, je vous aurais demandé la permission, mon père, de le rappeler de cette Hollande, où je ne crois pas que ses services nous profitent guère ; aussi bien, vous n'en seriez pas très-fâchée, n'est-il pas vrai, cousine ?

Mademoiselle de Soulanges leva la tête et la remercia d'un sourire plein de grâce et de noble pudeur. Madame de Locmaria continua :

— Car enfin, si les choses demeuraient à peu près en place; s'il n'y avait plus à dégainer nulle part, et qu'on fermât les yeux sur les retours d'émigrés, je ne vois pas ce qui empêcherait mon fils de rentrer paisiblement chez lui et de s'y établir avec femme et enfants, de manière à ne plus donner d'inquiétude. J'avoue que ces guerres m'ont assez coûté; et que mon courage est à bout.

— Il faut d'abord faire son devoir; reprit M. de Soulanges, et s'acquitter envers l'État qu'on sert; et puis, ma fille, est-ce le moment de songer à rappeler votre fils, quand nous avons sous les yeux le malheur de tous ces gentilshommes ?

— Ah ! mon Dieu, interrompit madame de Locmaria frappée d'une idée subite, mon fils ne serait-il pas avec eux ?

— Pauvre femme, vous parliez tout à l'heure de l'aller chercher en Hollande; et vous avez une lettre depuis dix jours.

— Oui, cela est vrai. Est-on jamais tranquille ? La peur me fait déraisonner.

— Il n'y avait pas même, je crois, dans cette expédition, beaucoup de gentilshommes de ce pays-ci, dit M. de Soulanges.

— C'était une levée de l'Angleterre, reprit M. de Caradec, qui avait fait indistinctement appel à tous les émigrés. On avait joint à cette élite des corps formés de prisonniers français républicains engagés à prix d'or parmi les royalistes.

— Parbleu, voilà un étrange amalgame ! interrompit M. de Soulanges en hochant la tête; nous en voyons les suites.

Un domestique vint dire qu'on avait servi. On n'y fit pas d'abord attention, tant chacun était préoccupé. Enfin M. de Soulanges dit en se levant :

— Mesdames, allons souper ; les patrouilles voudront bien nous en laisser le loisir.

Il ajouta en marchant vers la fenêtre :

— Elles n'ont pas beau temps.

Tout le monde se leva. Au même instant, un grand coup de marteau retentit à la porte de la cour, les dogues se mirent à hurler.

Madame de Locmaria retomba sur son fauteuil, mademoiselle de Soulanges posa tranquillement sur le guéridon un rouleau de canevas qu'elle venait de ranger, et chacun demeura immobile. Dominique parut tout effaré à la porte de la salle comme pour demander ce qu'il fallait faire. On frappa de nouveau plusieurs coups.

— Allez ouvrir, dit M. de Soulanges.

Dominique descendit plus tremblant que personne, à cause de l'heure avancée et des circonstances terribles où l'on se trouvait.

Un homme en uniforme, tête nue, trempé de pluie, se précipite dans la cour en criant au vieux domestique, qui ne peut ni le voir ni le suivre :

— C'est moi, Dominique, c'est moi!

Cet homme franchit le perron du même train, et tomba dans la grande salle au milieu de la famille effrayée.

— Qui va là? dit M. de Soulanges.

— Jésus! fit l'abbé.

— Mon fils! s'écria madame de Locmaria en se jetant sur lui et le tenant embrassé.

— Mon pauvre vicomte! disait derrière lui M. de Soulanges.

— Mon ami! mon ami! criait l'abbé, qui se traînait hors de son fauteuil.

Hector ouvrait ses bras et serrait tour à tour son

grand-père, sa mère, l'abbé, M. de Caradec. Il regarda mademoiselle de Soulanges, qui était toute tremblante, et lui tendit les mains :

— Ne m'embrasserez-vous pas aussi ?

On riait, on pleurait, on voulait parler, on ne pouvait ; on commençait des phrases qu'on n'achevait pas, les questions se croisaient, s'interrompaient, et puis on s'embrassait encore. Madame de Locmaria sanglotait de joie.

— Comment se peut-il ?

— Par quel miracle ?

— Mon fils !

— Il est tout ruisselant.

— Mon Dieu ! s'écria madame de Locmaria, il était...

— Vous étiez de l'expédition ? reprit M. de Soulanges, éclairé de la même idée.

— Eh oui ! dit le vicomte, j'en étais.

— Et vous êtes sauvé ! dit sa mère.

— Jusqu'à présent, du moins.

— Sans blessure ?

— Sans blessure.

Madame de Locmaria joignit les mains.

— Providence divine !... Mais encore, comment se fait-il ?...

— Vous étiez en Hollande ? dit le comte.

— Vous nous raconterez...

— Comme le voilà fait !

— Laissons-le souper.

— Il s'expliquera plus tard.

— Micheline, du linge.

— Depuis si longtemps, s'écriait l'abbé, depuis si longtemps que je ne l'ai vu ! Permettez, monsieur le comte, que je l'embrasse encore une fois.

Madame de Locmaria prit mademoiselle de Soulanges par la main :

— Vous l'avez donc reconnue, mon enfant ?

— Ma cousine n'est que plus belle, et je m'y attendais, répondit Hector en baisant respectueusement la main de mademoiselle de Soulanges.

En même temps, madame de Locmaria donnait des ordres aux domestiques ; elle expliquait à son fils l'alarme du moment, les rigueurs nouvelles de l'autorité, le danger des recherches qu'on pouvait faire dans la maison ; elle envoyait Dominique barricader certaines issues et préparer des passages cachés qu'on avait pratiqués au fort de la Terreur ; elle n'oubliait aucune précaution ni aucun soin, elle faisait ajouter au souper. Enfin, elle essuyait elle-même l'eau qui dégouttait des cheveux et des habits du vicomte ; elle le pressait de changer de linge, de peur d'accident. Hector résistait doucement, disant qu'il n'avait rien à craindre et que cela était bien inutile.

— Non, ma mère, excusez-moi, je vous en conjure, j'ai trop de joie à vous voir ; les moments sont précieux par le temps qui court. Laissez-moi souper avec vous ce soir, à cette table, tout de suite.

— D'autant, reprit M. de Soulanges, que depuis qu'il court le pays le vicomte ne sera pas insensible à un bon repas.

— Comme vous dites, grand-père, reprit le vicomte ; je me sens quelque appétit, et je tâcherai de faire honneur au veau gras.

Il fallut se rendre aux instances de madame de Locmaria, qui le poussa dans une pièce voisine, où l'on obtint à grand'peine qu'il s'accommoderait un peu.

Pendant ce temps-là, le vieux Dominique, qui avait à peine eu le temps de baiser la main de son jeune maître, courait tout troublé exécuter les ordres de madame Locmaria. Il y ajoutait de lui-même mille précautions minutieuses : il avait tout fermé, tout verrouillé, et défendu qu'on laissât pénétrer, sous aucun prétexte, qui que ce fût dans la maison ; il avait fait enfin seller deux chevaux et charger les armes à tout hasard. Cette idée que M. le vicomte était sous le coup de la loi terrible contre les émigrés le faisait frémir. Il semblait qu'il eût seul à répondre de cette vie précieuse.

— Repose-toi, mon vieux Dominique, lui dit Hector, qui souriait avec compassion à le voir aller ; tu prends trop de soin.

On se réunit dans la salle à manger. Hector se mit à tourner dans cette salle, qu'il connaissait si bien depuis l'enfance ; il se récriait à tout coup :

— Mon Dieu ! ma mère, que je suis heureux, et comme je revois tout ici à sa place !

Il fit une pirouette en se rapprochant de la cheminée. Sa mère et l'abbé le regardaient en causant tout bas. On se mit à table au bout de quelques moments.

— Enfin, reprit M. de Soulanges, savez-vous, puisque vous y étiez, la cause de ces malheurs de Quibeberon ?

— La trahison, grand-père, la trahison, et la mésintelligence des chefs.

Il offrit d'un plat à mademoiselle de Soulanges.

— Si vous en voulez le détail, continua-t-il, cela est

facile, je n'ai pas quitté M. de Sombreuil. Mais je crains d'ennuyer ces dames...

— Vous êtes toujours un peu fou, monsieur mon petit-fils.

— Les détails de stratégie n'ont pas grand intérêt pour les femmes; à moins d'être le Cid racontant ses hauts faits, il est scandaleux de radoter campagnes à mon âge; que sera-ce quand j'aurai la croix et les nobles services de M. de Caradec... Pourtant, si mademoiselle de Soulanges y consent...

Mademoiselle de Soulanges s'inclina en souriant.

— Commencez donc, mon fils, dit M. de Soulanges, on vous écoute.

— Vous savez certainement les commencements de la campagne, le débarquement des émigrés?

— Oui, mais nous ne savons pas, maître étourdi, comment il se fait que vous nous arrivez avec eux, quand vous étiez en Hollande il y a un mois.

— Je fus enrôlé à Stade au premier bruit de l'expédition. Vous concevez qu'après l'occasion de servir la France, l'idée que l'on débarquerait en Bretagne, à deux pas de chez moi, fut pour beaucoup dans ma détermination. J'étais dans la division de M. de Sombreuil, qui me fit son aide de camp; cette division, montant à quinze cents hommes, était une troupe formée de débris des régiments de Salm, Béon, Damas, Rohan. On nous appelait les régiments *à cocarde noire*. Nous formions un second convoi qui trouva tout commencé en débarquant, et assez mal commencé, on peut le dire. Hoche, après avoir repoussé dans la presqu'île les émigrés et une population éplorée de dix mille âmes, campait sur les hauteurs de Sainte-Barbe. On résolut de l'attaquer le 16. Nous arrivons le 15, trop tard pour prendre part à l'action. M. de Sombreuil obtint de se battre en simple volontaire. Je le suivis. L'attaque devait avait avoir lieu dans la nuit sur trois points. M. de Vauban débarquait à la baie de Carnac, et courait sur le flanc des républicains. M. de Tinteniac les attaquait par derrière, et le gros de l'armée royale devait les prendre en tête. Ce plan fut communiqué à Hoche par deux transfuges. Il range ses troupes en bataille à l'abri de ses retranchements, il masque son artillerie et nous attend. L'armée royale s'ébranle en silence à deux heures du matin. Le camp ennemi semble surpris. Les tirailleurs de Loyal-Émigrant s'élancent dans les retranchements; aussitôt tout le front du camp s'allume comme une seule traînée de poudre, l'artillerie éclate, une grande ligne de feu borde les hauteurs ; on voyait au fond les canonniers ennemis qui s'agitaient tout noirs et ne ressemblaient pas mal à une légion de diables se débattant dans leurs flammes. La fumée roulait vers nous à flots épais ; on eût dit que le ciel s'abaissait sur nos têtes. Les pièces de l'épaulement nous foudroient de front, les batteries masquées empêchent les corps de se reformer. Nous sommes inondés de mitraille. Vauban, qui n'a pas réussi, et Tinteniac, qu'un contre-ordre perfide a détourné de sa manœuvre, laissent aux émigrés tout l'effort de l'action. Ils ne s'ébranlent pas sous cette pluie de feu. Chaque décharge emporte une file entière à Royal-Marine ; le régiment Dudresnay est pour ainsi dire décapité de sa compagnie d'élite et de ses officiers ; son colonel en second, M. de Talhouet, tombe peu après ; un boulet emporte M. le duc de Lévis et son cheval. Ah ! grand-père, on s'est battu là chaudement ! M. de Puisaye disait que depuis que les hommes se font la guerre, il ne croyait pas qu'on eût montré plus d'héroïsme et d'intrépidité. M. de Philibeaucourt, la poitrine percée d'une balle, tombe avec M. de la Jaille ; MM. de Mélaize et de la Voltais meurent à côté l'un de l'autre. J'entends crier à côté de moi : *Vive le Roi !* et je vois le commandant de la Laurencie, un brave et beau vieillard, qui roule, le corps coupé en deux. La droite des royalistes était rompue sans combat. Nos gentilshommes n'avaient plus qu'à mourir, et ils mouraient. M. d'Hervilly s'élance à la tête de la colonne de gauche; elle est encore écrasée sous la mitraille. Trois capitaines de vaisseau sont tués dans cette mêlée. Ce fut alors qu'on vit un vieillard octogénaire, M. de Rossel, maréchal de camp, pousser au feu une compagnie qu'il avait formée et qu'il commandait; cette compagnie était composée tout entière d'anciens officiers de terre et de mer blanchis dans les combats. Ils étaient au nombre de cent. Ils tombèrent l'un après l'autre jusqu'au dernier. Je reconnus parmi ces vétérans M. d'Orvilliers, M. de Champelos et le chevalier de Lapeyrouse, le frère du marin.

— Vous n'étiez pas loin d'eux, j'aime à croire?

— Je les suivais, grand-père, car ils n'étaient pas gens à me céder le pas. Enfin M. d'Hervilly, frappé à mort parmi des amas de cadavres, donne le signal de la retraite. L'aide de camp qui porte l'ordre est emporté par une bombe, et, tandis que l'aile gauche l'exécute, la droite des royalistes se fait héroïquement massacrer sous la gueule des canons républicains. Il y eut là des traits sans pareils. M. Levaillant de Glatigny, capitaine de Loyal-Émigrant, tombe blessé à la cuisse ; un de ses grenadiers l'emporte, et cinq gentilshommes de ce même nom périssent en même temps. Les bleus profitent du moment et sortent des retranchements pour achever la déroute. M. de Sombreuil leur fait face, secondé par M. le lieutenant général de Boissieux, qui a quitté son grade pour devenir simple capitaine au régiment de d'Hervilly. M. de Rothalier couvre aussi la retraite avec ses artilleurs. Ce malheureux homme venait de voir tomber son fils à ses côtés, et il criait en pleurant : Il n'y a pas de père ici ; il n'y a que des républicains et des royalistes ! En nous retirant, je vis dans la mêlée un hussard démonté abattre d'un coup de sabre la main de M. de la Garrigue, et, apercevant une bague qui brillait à l'un des doigts, la ramasser et la mettre dans sa sabretache. M. de la Garrigue saisit aussitôt son sabre de la main gauche, courut au hussard, lui fendit la tête et reprit sa main et sa bague, à laquelle il me cria qu'il tenait beaucoup. Cette brave noblesse eut là de dignes funérailles. Nous faisons retraite vers le fort; et les bleus se répandent dans la campagne pour piller les morts.

— Ce sont là les événements du 16 juillet ?

— Justement. Nous voilà bloqués dans la presqu'île,

que nous défendions par le fort Penthièvre. On passa là quatre jours sans prendre parti. Nous autres de la troupe de M. de Sombreuil, nous demeurions toujours campés à Saint-Julien, une lieue et demie environ par-delà le fort. Chaque nuit des prisonniers enrôlés en Angleterre passaient à l'ennemi. L'un d'eux propose à Hoche de lui livrer Penthièvre. Il laisse des intelligences parmi d'autres traîtres de la garnison et part avec le mot d'ordre, qu'il ne put obtenir que le 20. On lui donne un uniforme de volontaire royaliste, on le met à la tête de trois cents grenadiers; il partent à onze heures du soir et filent le long du rocher jusqu'au pied du fort, dans l'eau jusqu'à la ceinture. Hoche les suit avec le gros de l'armée. Une tempête effroyable couvre leur marche et les épouvante eux-mêmes. Des rafales furieuses, des éclairs sinistres, des tourbillons de sable et de pluie glacée, les aveuglent et les confondent dans ces épaisses ténèbres. Ils se rallient pourtant. Les transfuges échangent le mot d'ordre, escaladent le rocher; les complices de la garnison leur tendent la crosse de leurs fusils; les grenadiers pénètrent dans le fort et massacrent tout ce qu'ils rencontrent. Hoche, de son côté, arrive aux premiers retranchements et les atta-

que à la baïonnette. Mais des coups de feu donnent
l'alarme ; les canonniers du fort courent à leurs
pièces et foudroient les bleus. Leurs fusils sont mouillés et ne peuvent servir ; ils se débandent. Hoche
croit tout perdu. Il lève la tête ; le drapeau tricolore
flotte sur le fort, les canonniers royalistes sont égorgés par derrière sur leurs pièces, et les traîtres viennent à la porte sur des monceaux de morts recevoir le
général, qui leur donne des épaulettes d'officier.
Restait le camp retranché à défendre ; un bataillon
d'émigrés s'y fait tuer. Le comte de Grammont y court
avec sa compagnie ; les prisonniers républicains qui
la composent massacrent leurs chefs et courent la
crosse en l'air vers leurs anciens camarades. M. de
Puisaye veut former une première ligne de défense ;
mais la foule des fuyards, mêlée de paysans, de
femmes, d'enfants éplorés, chassée vers la mer, rompt
les rangs et entraîne le général. Cependant, aux
premières lueurs du jour, nous voyons de Saint-Julien
le pavillon tricolore au sommet du fort. Ces messieurs s'écrient : — Il faut reprendre Penthièvre ou
mourir ! — On découvre enfin cette multitude qui
accourt. — Tout est perdu ! nous dit M. de Sombreuil ;
conservons-nous pour protéger le rembarquement.

De chaque côté les colonnes du général Hoche s'avançaient au pas de charge en se resserrant. Cet amas d'hommes désespérés se trouve pris entre la mer et les baïonnettes. La mer est grosse, le vent contraire, et l'escadre anglaise ne bouge pas. Les soldats brisent leurs armes, les paysans exaspérés se roulent sur le sable; beaucoup se jettent dans la mer. Des officiers courent parmi les rochers se faire sauter le crâne. J'en ai vu dans ce moment, que je me rappelle confusément, comme un rêve affreux, j'en ai vu à mes côtés qui se laissaient tomber sur la pointe de leur épée. Enfin des embarcations se détachent; mais alors commence une scène encore plus horrible. La foule s'élance à la fois, on se précipite dans les chaloupes; il y en a de trop chargées qui chavirent; la mer est couverte de malheureux qui luttent contre les vagues. On les menace, on les écarte à coups d'aviron. Ils s'accrochent aux rebords; on leur coupe les poignets à coups de sabre. Beaucoup périssent sous les balles des bleus, qui visaient à la tête. M. le baron de Damas bande les yeux de son cheval, lui enfonce les éperons dans le flanc et le lance à la mer, qui les engloutit tous deux. Il y eut encore là des actions dignes du reste. M. de Chambray, à bord d'une chaloupe trop chargée, saisit dans l'eau un vieux chevalier de Saint-Louis qui perd ses forces, et le soutient par les cheveux jusqu'au premier bâtiment. Le grenadier qui a sauvé M. Levaillant de Glatigny reparaît, le porte sur une embarcation, et revient à terre pour se battre. Deux insurgés bretons qui portent de même le duc de Lévis crient à la chaloupe qu'ils ne monteront pas, mais qu'on sauve leur commandant. Le porte-drapeau du régiment d'Hervilly crie en même temps : — Sauvez mon drapeau, je mourrai content. Le vieux duc s'accroche à l'étendard, et on les hisse à bord l'un et l'autre. M. Charles de Lamoignon dépose son frère et retourne à son poste. Trois canonniers royalistes hors de danger sont tellement frappés de cette action, qu'ils le suivent et viennent mourir avec lui. Les officiers anglais luttent de dévouement ; les capitaines des bâtiments conduisaient eux-mêmes les embarcations et venaient sauver les royalistes jusque sous les balles des bleus. Cependant des chaloupes canonnières embossées près du rivage arrêtent les colonnes républicaines. Le feu croisé de la frégate la *Pomone* et d'une corvette, qui s'étaient approchées, les prend en tête et en flanc ; mais ce feu, par malheur, détruit aussi les royalistes. M. de Sombreuil veut profiter du moment et nous ordonne enfin de charger à la baïonnette. J'étais un des plus jeunes de son corps; tous ses soldats étaient de vieux officiers qui avaient fait les guerres de Flandre et de Hollande. Ils s'élancent, frémissant de rage... Ah! pourquoi ne nous a-t-on pas laissés mourir là jusqu'au dernier? interrompit M. de Locmaria, les yeux brillants de larmes, qu'il déroba par un sourire, comme embarrassé de cette émotion.

Mademoiselle de Soulanges, qui le regardait fixement, baissa les yeux: Il reprit :

— Voici qu'on nous crie des rangs ennemis : Bas les armes! vous serez épargnés! Puis les cartouches manquent; puis nous n'étions pas huit cents; et nous avions affaire à quinze mille hommes. Cependant nous nous battons toujours ; le général Humbert, étonné, veut entrer en conférence ; M. de Sombreuil, irrésolu, finit par y consentir. On parle de capitulation. Hoche s'engage verbalement à respecter la vie des prisonniers ; il veut d'abord qu'on fasse cesser le feu des Anglais; Beauregard se charge du message et revient noblement parmi nous. Hoche profite de ces délais pour braquer deux canons chargés à mitraille qui balayent la jetée. M. de Sombreuil capitule enfin, à condition que lui seul périra... Aussitôt, admirez ceci :

sept cents grenadiers de Hoche tombent sur nous à la baïonnette, et commencent à nous égorger... M. de Sombreuil était retourné, sur sa parole, à bord de la *Pomone*; il est revenu, ô l'admirable homme ! Je crois encore le voir, beau, calme, avec sa grande taille et son maintien superbe ; oh ! si cela l'eût servi en quoi que ce soit, je me serais fait massacrer à ses pieds. Il a quitté son sabre, en a tiré la lame à demi, et l'a baisée respectueusement avant de la remettre entre les mains de cet ignoble scélérat de Tallien, qui n'eût pas été digne d'en être éventré.

M. de Locmaria semblait échauffé d'un enthousiasme farouche; sa voix s'était altérée ; il s'arrêta, dévorant ses pleurs, les yeux enflammés et s'efforçant de sourire encore. Sa mère lui revit pour un moment l'air de visage qu'il avait tout enfant, quand il riait tout à coup au milieu des larmes ; elle ne put se retenir de l'embrasser, malgré tout l'effet du récit. M. de Soulanges écoutait toujours.

— Que vous dirai-je ? on a rangé les prisonniers en colonne, je les ai vus partir, M. de Sombreuil en tête avec monseigneur l'évêque de Dol et dix-huit ecclésiastiques qui s'étaient laissé prendre avec nous; on les a menés à Auray:

— Et vous vous êtes échappé ? dit vite M. de Soulanges.

Le vicomte hésita :

— Oui, grand-père.

Il reprit aussitôt :

— Ah ! si vous aviez vu la contenance de ces prisonniers, tous vieux hommes de guerre, la fleur de la noblesse, l'élite de l'ancienne armée, calmes, graves, résignés, couverts de haillons et de blessures ! Ils étaient environ au nombre de mille, ils marchaient au milieu d'une faible escorte, la plupart des hommes de cette escorte étaient ivres : elle n'aurait pu résister aux prisonniers durant une longue nuit de marche ; toutes les chaumières les auraient recueillis, tous les paysans les auraient sauvés au péril de leur vie ; ils le savaient, ils n'en voulaient point profiter ; ils comptaient sur une capitulation garantie par l'honneur des républicains.

— Il est clair que, s'il y a capitulation..., dit M. de Soulanges.

— Mensongère ! s'écria Hector : les soldats de l'escorte eux-mêmes désabusaient ces malheureux et les engageaient à fuir ; le commandant de la légion nantaise, royaliste dans l'âme, a fait évader, sous des habits de ses soldats, sept à huit gentilshommes de son pays. M. de Kerveno nous disait : La foi des révolutionnaires m'est si connue, que je vous jure que nous serons tous sacrifiés.

Il s'arrêta d'un air naïf et comme étonné d'en avoir tant dit.

— Non, c'est impossible, dit M. de Soulanges : il y a de l'honneur partout en France, et surtout parmi les soldats. Pourquoi voulez-vous que des officiers, des généraux, se couvrent d'infamie à propos de rien, en faussant une capitulation convenue sur le champ de bataille ? C'est impossible, vous dis-je. Où les a-t-on menés, ces prisonniers ?

— A Auray ; on les a entassés dans les églises du Saint-Esprit et des Cordeliers, où ils n'avaient point de paille pour se coucher, pas de pain, pas d'eau, dans cette saison. Je plains surtout le pauvre évêque de Dol, qui est vieux et d'une faible santé, et qu'on a fait marcher toute la nuit, au pas de la troupe, pour le jeter dans ces églises transformées en cachots infects.

— Mon Dieu ! dit l'abbé en joignant les mains, ayez pitié de nous !

— Baste ! interrompit le vicomte en rejetant ses

cheveux en arrière, ne pensons plus à ces tristes scènes ; je suis au milieu de vous, profitons des moments que Dieu nous donne.

Il jeta autour de lui un regard rapide et soupçonneux, il ne rencontra que les beaux yeux de mademoiselle de Soulanges, qui l'intimidèrent et lui firent baisser les siens. Mademoiselle de Soulanges demeura le regard fixé sur lui. On ne mangeait guère ; le repas s'acheva tristement. Quoi qu'en eût dit Hector, il n'avait pas lui-même grand appétit.

Quand on se leva, il voulut faire la partie d'échecs de l'abbé. En passant dans la grande salle, il lui dit d'un air enjoué :

— Je ne me suis guère exercé depuis nos parties d'autrefois ; s'il vous en souvient, je vous les abandonnais aisément, faute d'application.

A vaincre sans péril on triomphe sans gloire.

Je veux voir si l'âge m'a rendu plus réfléchi. Allons, cher abbé, mettez-vous là.

L'abbé fit mine de s'excuser à cause des événements qui semblaient défendre tout divertissement. Il finit par céder en disant entre ses dents :

— J'ai toujours gâté cet enfant-là.

Ils commencèrent à jouer ; mademoiselle de Soulanges reprit sa tapisserie. M. de Soulanges demeura à rêver dans son fauteuil. Madame de Locmaria s'était placée de manière à s'enivrer en silence de la vue de son fils ; elle le trouvait plus grand, plus fort, un peu hâlé, mais mieux de tout point. On n'entendait de temps en temps que les exclamations des joueurs, du vicomte surtout, qui prenait grand plaisir à cette partie.

En ce moment retentirent des rumeurs lointaines dans la campagne et des roulements de tambour.

— Entendez-vous ? dit en se levant madame de Locmaria.

Les joueurs s'interrompirent ; tout le monde écouta.

— C'est le tonnerre et l'orage qui finit.

— Oui, dit Hector en élevant la voix pour couvrir le bruit, c'est le tonnerre. Il faisait un si mauvais temps ! Nous...

Madame de Locmaria l'interrompit d'un geste :

— Écoutez !

Elle ouvrit la fenêtre.

— L'orage est passé, le ciel est pur : c'est le tambour.

On entendit en effet plus distinctement des tambours qui battaient la marche. Des cris confus partaient au loin ; des torches couraient à travers champs dans la direction de la route d'Auray.

— Mon Dieu ! s'écria-t-elle, que se passe-t-il encore ?

— Envoyez quelqu'un, dit M. de Soulanges.

— Dominique, reprit madame de Locmaria, a dépêché Joseph à Vannes, il a dû poster aussi quelqu'un sur la route.

Elle fit un mouvement vers la porte, qui s'ouvrit aussitôt. Dominique parut, consterné.

— Qu'y a-t-il ? s'écrièrent à la fois M. de Soulanges et madame de Locmaria.

— Il y a, monsieur le comte, qu'on les amène à Vannes.

— Qui ?

— Les gentilshommes... les prisonniers... les émigrés pris à Quiberon..., et que demain, dès la pointe du jour, ils seront fusillés.

— Fusillés ! c'est impossible !

— On les a jugés ce matin et condamnés à Auray... Oh ! madame, c'est une vraie pitié de les voir !... Joseph m'a fait avertir ; j'ai couru. Ils marchaient en rang parmi les troupes, d'un air tranquille. Tous les paysans se mettaient à genoux le long de la route ;

tout le monde pleurait... Et le vieil évêque, qui était là, leur donnait sa bénédiction...; et les prêtres qui sont avec lui priaient... Les soldats eux-mêmes avaient honte de leur devoir : ils plaignaient les prisonniers et le disaient tout haut à ceux qui étaient là.

Hector baissa la tête, madame de Locmaria et l'abbé poussaient des soupirs.

— Quelle abomination ! dit M. de Soulanges. Mais qu'est-ce qui les lie à présent ? que ne s'échappent-ils ?

— Il est trop tard, dit Dominique, il en manque un seul depuis ce matin, mais sur sa parole.

— Et que disent, reprit le comte, les généraux qui ont accordé la capitulation ?

— Eh! grand-père, s'écria M. de Locmaria, de mauvaises raisons. Ils ont livré les prisonniers aux représentants ; ils s'en lavent les mains comme Pilate. Ils disent qu'ils n'ont compris dans les conditions que les déserteurs républicains, que sais-je? que rien n'est écrit, et ils se rejettent la honte les uns aux autres.

— Vous saviez donc tout cela, vicomte ?

— Eh! oui, grand-père.

Il parut un peu confus d'avoir altéré la vérité. Mademoiselle de Soulanges le regarda avec un mélange de pénétration et d'inquiétude.

— Au moins, dit alors madame de Locmaria à Dominique, avez-vous bien pris toutes vos précautions? Il ne faudrait point espérer de grâce si mon fils était découvert.

Elle demanda si l'on avait bien fermé partout, si l'on avait porté des vivres dans les caves où l'on pouvait se cacher, si les gens qui devaient donner l'éveil étaient à leur poste.

— Oh! madame, répondit le vieux Dominique, nous serons assez tranquilles cette nuit. D'abord l'arrivée des émigrés va faire beaucoup de bruit à Vannes; ensuite il y a grande fête. On célèbre l'anniversaire de la mort de Robespierre; les clubistes ont prononcé des discours toute la journée ; les *citoyennes* de Vannes ont chanté des hymnes patriotiques; on a fait de la musique, et l'on danse encore partout à l'heure qu'il est... C'est le fils de Geneviève qui vient de nous rapporter tout cela.

— Ils ont choisi là un singulier moment ! dit M. de Soulanges. Il vaut bien la peine de se réjouir de la mort de Robespierre !... Ces messieurs qu'il nous laisse me le feraient regretter.

Le vicomte sourit de l'ironie du bonhomme et de l'air affairé de Dominique. Il suivit le vieux serviteur vers la porte et lui glissa dans l'oreille :

— Tu m'éveilleras demain au lever du jour, vers quatre heures, si tu peux.

Dominique, étonné, répondit par un signe. Le vicomte, revenant et posant une porcelaine, détourna la conversation d'un air dégagé.

— Hélas ! ma mère, que j'ai regretté souvent votre bon café ! J'en ai pris pour la première fois de passable à bord de la *Pomone*.

Et, par manière de contenance, il se mit à considérer les meubles çà et là ; il s'arrêta devant la bibliothèque.

— Ah ! voilà mon vieux Plutarque !

Il feuilleta l'un des tomes, qui s'ouvrit à la vie de Scipion l'Africain, dans un endroit où le nom de Régulus lui tomba sous les yeux.

— Ah ! s'écria-t-il en frappant sur le feuillet, que je me rappelle bien avoir étudié ce chapitre-là ! N'est-ce pas, l'abbé ?

— Oui, monsieur le vicomte, nous avons beaucoup étudié.

— Je trouvais cela beau dans mon enfance ; mais

est-ce que vous croyez qu'il a véritablement existé des hommes de cette trempe ?

— Pourquoi pas, mon fils ? dit froidement M. de Soulanges ; l'un de vos ancêtres, relâché sur parole, s'alla remettre entre les mains des Sarrasins, parce qu'il ne put trouver assez d'argent pour sa rançon.

— Bon ! cela est encore du vieux temps ; mais croyez-vous que les hommes d'aujourd'hui seraient capables de ces traits-là ? Cela ne peut m'entrer dans l'esprit.

— Eh ! vous venez vous-même, reprit le comte, de nous raconter des actions admirables.

— A la bonne heure ; mais nous ne sommes, après tout, que des étourdis sans consistance, nous ne savons que rire et danser. On n'est pas des fripons, beau malheur ! il suffit d'être gentilshommes ; mais nous sommes trop éventés, trop dégénérés, pour rien faire de bien avec suite. Pour moi, je vous déclare que je ne mettrais pas la main au feu comme Mucius Scævola. Je pousse les hauts cris à la moindre égratignure.

— Pourtant, mon ami, dit M. de Soulanges, vous avez là deux ou trois estafilades qui ne laissent pas de marquer.

— Sans doute, des éclaboussures reçues dans la

chaleur de l'action : on ne les sent pas ; mais il ferait beau voir si l'on me balafrait à jeun.

Il porta la main vers le bas de l'oreille.

— C'est cicatrisé, maintenant... Mais est-ce que cela se voit beaucoup ?

Puis, levant les yeux sur mademoiselle de Soulanges, qui s'était remise à l'ouvrage, il se pencha vers sa mère et lui dit tout bas comme il trouvait sa petite cousine embellie. Mademoiselle de Soulanges rougit en devinant qu'il s'occupait d'elle. Mais personne n'eût soupçonné le véritable état de son âme. Toujours occupée d'Hector, qu'elle nommait chaque soir en faisant sa prière, elle n'avait cessé de penser à lui comme à l'ordinaire durant la conversation qui s'était tenue avant qu'il parût, et son entrée avait eu pour elle quelque chose de prodigieux. Il avait semblé se rendre à la secrète évocation de son cœur. L'état dans lequel elle le revoyait, pâle, sanglant et tout chaud du combat, dépassait encore tous ses rêves. Comme il arrive souvent dans les familles, quand les hommes agitent entre eux des propos qui pénètrent surtout la jeune fille qui travaille et qu'on oublie dans son coin, durant les récits du vicomte, tandis qu'elle brodait, le front calme et penché, chaque phrase y avait allumé des flammes : son royalisme ardent, sa haine, juste à tant de titres, contre la Révolution, tout, jusqu'à ses sentiments religieux, concourait à exalter son admiration. Hector était pour elle un héros, une image vivante de ces braves gentilshommes dont elle entendait si souvent raconter les belles actions. N'ayant jamais quitté la maison et ne sachant rien de la cour que par ouï-dire, il n'était pas jusqu'à ce ton léger qu'on reprochait alors aux jeunes gens de qualité, jusqu'à ces mines de bon goût, ces airs évaporés dont la mode n'avait pas cessé même dans les misères de l'exil et de la guerre civile, qui n'eussent aussi leur effet sur elle.

M. de Locmaria, de son côté, considéra longuement sa cousine. Tous ces souvenirs d'autrefois lui revenaient peu à peu; il revoyait la belle enfant qui jouait avec lui sur la terrasse de l'ancien château, il se rappelait les sentiments qui avaient suivi et qui n'avaient eu que le temps de poindre, les adieux, les projets de famille et la bourse que lui avait donnée sa cousine en partant. Victorine était alors bien jeune, il la retrouvait grande et belle, car mademoiselle de Soulanges était d'une beauté régulière quoique sans éclat, et l'extrême simplicité de ses ajustements ajoutait, à bien regarder, un charme inexprimable à la dignité de ses traits. Le travail qu'elle tenait était une longue tapisserie commencée avant le départ d'Hector; cette tapisserie fut un trait de lumière pour le vicomte sur la vie de la noble enfant. Tandis qu'il courait à la guerre, elle l'avait attendu en brodant ce même ouvrage auprès de la fenêtre; il retrouvait au retour ce bonheur calme et privé qu'il avait rêvé mille fois dans les fatigues du bivac. Il tomba malgré lui dans de longues réflexions, et ses yeux se mouillèrent de pleurs qu'il essaya de retenir. Mademoiselle de Soulanges surprit son regard et ses larmes. Madame de Locmaria souriait en les regardant l'un et l'autre. Tout à coup le vicomte se leva, et s'approcha étourdiment d'une glace en rajustant sa coiffure et son linge.

— Vous m'excuserez, ma cousine; je suis en grand négligé, n'est-il pas vrai ?

— Je vous trouve bien ainsi, dit mademoiselle de Soulanges en parcourant de l'œil son uniforme déchiré.

M. de Locmaria vit trembler la main qui tenait l'aiguille. M. de Soulanges ouvrit la fenêtre.

— Allons, mon fils, il est temps de vous reposer, nous causerons demain.

M. de Caradec, qu'il venait de quitter, s'approcha à son tour.

— Il fera beau demain, le ciel est superbe, l'orage a remis une grande fraîcheur dans l'air.

On s'apprêta à passer dans la salle où les maîtres et les domestiques faisaient en commun la prière du soir.

— Ma très-honorée mère, dit Hector, de grâce, avant de vous quitter, comment vous êtes-vous trouvée, depuis mon départ, quant à vos biens ?

M. de Soulanges emmena son petit-fils devant la fenêtre.

— Ne lui parlez pas de cela, elle penserait à monsieur votre père, et vous la feriez pleurer. N'ayez point d'inquiétude, il nous reste assez de bien, et en lieu sûr. Votre avenir, dans tous les cas, est assuré, mes enfants.

— Ah ! dit le vicomte, me voilà tranquille... Ce n'est pas pour moi, au moins, grand-père ; n'allez pas penser... Je voulais me rassurer sur l'état de la maison.

Pendant ce temps-là, madame de Locmaria arrêta par le bras mademoiselle de Soulanges, et lui dit tout bas en souriant :

— Eh bien, ma chère enfant, voici votre mari qui est revenu.

On se mit à genoux, les domestiques au fond de la salle, derrière les maîtres ; l'abbé commença les prières du soir en chevrotant.

— Prions Dieu, dit madame de Locmaria, pour le remercier de la délivrance de mon fils.

— Non, ma mère, reprit M. de Locmaria ; prions-le, s'il en est qui doivent mourir, afin qu'il leur fasse la grâce d'une belle mort.

L'abbé joignit aux prières ordinaires les prières pour les agonisants.

En se levant, madame de Locmaria donna de nouvelles instructions pour le séjour de son fils ; elle se rappelait sa manière de vivre avant son départ, les plats qu'il aimait, les endroits du jardin dont il avait l'habitude : elle mêlait à tout cela des recommandations déjà cent fois répétées.

— Car, à présent que j'ai mon fils, reprit-elle avec un mouvement passionné, il ne faudrait pas qu'on vînt me l'enlever... D'ailleurs, cela serait bien inutile, on ne m'arracherait de ses bras qu'en lambeaux.

Mademoiselle de Soulanges s'était chargée avec un empressement charmant de faire exécuter tous ses ordres. Aussi, quand le vicomte, qui causait avec son grand-père, se retourna pour lui souhaiter le bonsoir au pied du grand escalier, il ne vit plus sa cousine; il demanda où elle était, et parut très-fâché de son absence. Ensuite il s'inclina, selon l'usage de la famille, pour recevoir la bénédiction du vieillard.

— Bonne nuit, mon fils, dit M. de Soulanges en se faisant éclairer.

— Bonne nuit, grand-père, bonne nuit, reprit le vicomte avec vivacité en lui serrant la main. Adieu, ma mère.

Il les embrassa, et, tandis qu'ils demeuraient étonnés, il répéta :

— Je suis content de vous avoir revus.

Comme ils lui disaient tous deux : « A demain, » il s'enfonça dans le corridor, et se retourna pour les suivre des yeux jusqu'à l'autre bout de la galerie.

En ce moment, mademoiselle de Soulanges venait d'aller voir elle-même si toutes les mesures de sûreté étaient prises; elle avait parcouru les cours et longé les murs. Elle avait le cœur serré sans savoir pourquoi. Arrivée sous le vestibule et cachée dans l'ombre, elle vit M. de Locmaria monter l'escalier en s'entretenant à voix basse avec Dominique; elle n'osa se montrer. Cette conversation, qui n'était rien, la remplit d'inquiétude et de vagues soupçons. Elle attendit qu'ils fussent passés, et courut s'enfermer dans sa chambre, où elle ne put dormir.

Le vicomte trouva son appartement déjà tout fraîchement préparé : des rideaux blancs aux fenêtres, des fleurs dans les vases, du linge dans les armoires, son livre favori près de son chevet, et tout ce qui pouvait lui rendre ce séjour agréable et touchant. Il leva les épaules par un mouvement de compassion, et renvoya brusquement Dominique ; puis, revenant sur ce mouvement, il le suivit sur la porte :

— Adieu ! mon bon Dominique, à demain.

Quand il fut seul, il parcourut la chambre à grands pas, s'arrêtant à chaque meuble et les reconnaissant avec une joie d'enfant ; il examina longuement les sculptures et le mouvement d'une pendule à coffre qui l'amusait fort autrefois ; puis, s'approchant de la fenêtre, il l'ouvrit. Il détacha son hausse-col et déboutonna son uniforme ; il étouffait. Il aspira longuement l'air frais de la nuit tout embaumé des parfums du jardin, dont les arbres et les fleurs étaient encore mouillés de pluie. La nuit était pure et calme, le ciel étincelait d'étoiles. Il plongea curieusement son regard dans les recoins de ces ombrages silencieux. Enfin, n'y pouvant tenir, il entr'ouvrit doucement la porte et prêta l'oreille. Tout dormait; il descendit dans le jardin.

Il en parcourut avec délices tous les détours, dont chacun lui rappelait un charmant souvenir. Il touchait de la main les objets qu'il ne pouvait distinguer ; enfin il découvrit entre les arbres une table tumulaire de marbre blanc. Une croix et une épée étaient gravées au chevet. C'était le tombeau de son père. Il y demeura quelque temps agenouillé et s'en alla d'un pas plus ferme.

Il monta les degrés de la terrasse où s'ouvraient les fenêtres des appartements particulier de M. de Soulanges, de madame de Locmaria et de sa cousine. Cette terrasse surtout tenait à ses impressions les plus chères et les plus anciennes ; c'était là, d'aussi loin qu'il se pouvait souvenir, que sa mère, le tenant sur ses genoux, lui faisait bégayer les plus beaux vers de Racine fils. Il considéra longtemps les fenêtres de cette façade, où reposait tout ce qu'il avait de plus cher dans le monde. Ces vases, ces murs couverts de plantes, ces statues dégradées et noircies, tous ces objets, jusqu'aux moindres pierres, avaient un langage pour lui. Il s'avança lentement jusqu'à la dernière fenêtre, chastement voilée d'un rideau blanc. C'était la chambre de mademoiselle de Soulanges. Au-dessus de cette fenêtre, qui n'était guère qu'à deux pieds du sol de la terrasse, un treillage, en manière de corbeille, soutenait des vases de fleurs. Le vicomte s'arrêta perdu dans ses rêveries, puis il s'approcha doucement, se pencha sur la corbeille et cueillit une rose qu'il attacha à sa boutonnière. En se relevant, il crut voir une ombre glisser derrière le rideau ; il s'en alla sur la pointe du pied jusqu'à l'autre bout de la terrasse en fredonnant ces vers d'une vieille chanson de régiment qui lui vinrent à l'esprit :

> Pour cette fleur, ma mie,
> Que vous m'avez cueillie,
> Me faudra-t-il mourir ?

Il disparut. Un profond silence régna dans la maison.

A quatre heures du matin, quand Dominique entra dans la chambre de M. de Locmaria, il le trouva debout, tout habillé, devant la fenêtre.

— Ah! fort bien, dit-il en se retournant : je t'attendais. Allons, partons!

Dominique regarda le lit.

— Monsieur le vicomte ne s'est pas couché?

— Non, reprit-il en songeant.

Il jeta un dernier regard vers le fond du jardin, où l'on voyait le marbre blanc du tombeau entre les arbres. Il dit encore une fois d'un ton résolu : — Allons, partons! tu vas seulement m'ouvrir la porte.

Il se glissa lestement et sans bruit dans l'escalier, où le bonhomme, stupéfait, put à peine le suivre. Ils se rejoignirent dans le clos, qui n'était fermé en beaucoup d'endroits que de haies. Dominique accourut en disant :

— Au nom du ciel, monsieur le vicomte, prenez garde, quelqu'un peut vous voir du dehors.

— Il faut que je sorte; ouvre-moi cette porte.

— C'est donc cette porte qu'il faut que je vous ouvre? Je n'en ferai rien; la moindre imprudence peut vous perdre.

— La peste! dit M. de Locmaria, je n'y avais pas songé. Il faut que je sorte, ouvre-moi; que m'importe qu'on me voie?

— Que vous importe? mais il m'importe, à moi;

Que dirais-je à M. le comte ? que dirais-je à madame votre mère, s'il arrivait par malheur... Vous me faites frémir !

— Allons, ouvre-moi, mon bon Dominique, pas de retard : la chose est pressée.

— Monsieur le vicomte ! monsieur le vicomte ! où allez-vous ?

— Eh bien, je vais à Vannes, s'il faut te le dire.

— A Vannes !

— Oui, à la prison ; ainsi, tu vois... je suis prisonnier... prisonnier sur parole.

— Prisonnier ! mais ce matin même... les prisonniers... j'ai entendu le tambour...

— Oui, ce matin... tais-toi... je sais tout... Qu'y veux-tu faire ? j'ai été pris, jugé, condamné avec ces messieurs, il faut que j'aille les rejoindre : j'ai donné ma parole au commandant. Il y va de l'honneur.

Dominique, accablé, fit un mouvement des épaules et faillit se laisser glisser jusqu'à terre.

— Tu comprends, mon ami ; je passais si proche de la maison, après si longtemps, je n'ai pu résister... j'ai voulu les voir un moment. On me laissait libre sur parole. Je les ai embrassés, je suis content. Surtout que ma mère ne sache rien. Tu t'arrangeras, tu diras que je suis à la chasse... malgré toi. Parle au grand-père, si tu veux, il accommodera tout. Je t'en supplie, épargne-moi des pleurs, des scènes au dernier moment! Ma mère viendrait... cela serait terrible... Allons, mon ami, du courage; embrasse-moi encore une fois, et dépêchons, je t'en prie.

Le bonhomme lui tenait les bras serrés autour du corps et ne faisait que crier d'une voix étouffée de sanglots : Monsieur le vicomte! ah! monsieur le vicomte! M. de Locmaria l'entraîna le plus loin qu'il put hors de la grille, qu'il venait d'ouvrir :

— Adieu, mon ami, le temps presse! adieu!

Dominique tomba sur les mains et sur les genoux. Le vicomte disparut du côté du chemin de Vannes.

Dominique recourut vers la maison en poussant des cris. Le brave homme avait perdu la tête. Il s'imaginait sans doute qu'on pouvait sauver M. de Locmaria. — Il est parti! il va mourir! il est allé à Vannes! — On n'en put tirer davantage; il remplit la maison de lamentations, et tout le monde fut sur pied. Au premier mot qu'elle en sut, mademoiselle de Soulanges dit : — Je le savais.

Et le vieux M. de Soulanges, furieux pour la première fois contre Dominique, courait partout après lui, la canne haute, en lui criant : — Imbécile! tais-toi! De quoi te mêles-tu? Il a donné sa parole, il la tient, c'est bien fait!

A sept heures du matin, comme on dansait encore dans les lieux publics à cause de la fête de la veille, M. de Sombreuil, l'évêque de Dol et les émigrés qu'on avait amenés d'Auray la veille, sortaient et s'alignaient, devant le portail de l'église, escortés par un bataillon de Paris. Ils avaient passé la nuit en prières. L'évêque de Dol et son clergé les avaient préparés à mourir chrétiennement. A mesure que les condamnés sortaient, les officiers de l'escorte faisaient l'appel. Le commandant se plaignit qu'un prisonnier manquait. — Me voilà, dit M. de Locmaria en traversant la foule, qui regardait. M. de Sombreuil le vit et lui fit signe en souriant : — Je savais bien que vous ne manqueriez pas plus ici que là-bas.

En ce moment, par un contraste révoltant, une foule d'hommes et de femmes de la lie du peuple, ivres et chamarrés de rubans tricolores, sortaient, violons en tête, des salles de danse. Ces gens-là s'arrêtèrent devant les troupes qui barraient la rue, sans insulter pourtant les prisonniers.

Tout à coup deux femmes se précipitèrent à travers

cet amas de peuple qui encombrait la rue; l'une criait :
— Mon fils! mon fils! Messieurs, rendez-moi mon fils!

M. Hector de Locmaria changea de visage, et, du plus loin qu'il vit sa mère, il porta ses mains liées devant ses yeux. Madame de Locmaria poussa un cri perçant. Elle vint se jeter sur le premier officier qu'elle rencontra : — C'est moi, monsieur, qui mérite la mort! je suis sa mère! je lui ai mis les armes à la main! je suis royaliste! On conspirait chez moi; j'ai des armes cachées; mais cet enfant ne savait ce qu'il faisait, ce n'est qu'un enfant. Menez-moi vers votre général, j'ai des choses très-importantes à lui communiquer:..

Elle tomba évanouie entre les bras de mademoiselle de Soulanges. Les gentilshommes s'empressèrent autour d'elle avec autant d'égards et de douce politesse que si tout se fût passé dans un salon; on eût dit que cette scène ne les regardait en rien. Les soldats emportèrent madame de Locmaria. Mademoiselle de Soulanges, muette, les yeux secs et comme soutenue par une force surnaturelle, la secourait résolûment. Des officiers républicains voulaient l'écarter en la consolant.
— Laissez-moi, dit-elle avec dignité; vous voyez bien que je suis calme, il n'y a ici que les assassins qui puissent trembler!

Les gentilshommes désignés pour la première exécution, au nombre de soixante-dix, se mirent en marche entre les soldats au son du tambour, M. de Sombreuil et l'évêque de Dol en tête. Ils se cédaient le pas les uns aux autres comme dans une cérémonie. Le général Lemoine, pour ne pas perdre de temps, avait ordonné qu'on leur lirait leur sentence durant le trajet, mais ils n'écoutaient point. Ils prièrent en commun à haute voix. M. de Kergariou, brave et ancien capitaine de vaisseau, marcha pieds nus, par humilité, jusqu'au lieu du supplice. MM. de Chaumareix, d'Antrechaux, de Senneville, proclamaient la capitulation et s'étonnaient du parjure. Ces vieux gentilshommes, jusqu'au dernier moment, espéraient en l'honneur français; d'autres protestaient hautement; les plus jeunes s'entretenaient en riant. Les femmes pleuraient et se mettaient à genoux le long du chemin. La foule qui suivait le cortége s'était accrue ; déjà des royalistes, des amis secrets, s'y glissaient en soufflant çà et là des cris de vengeance et de liberté.

On arriva au lieu marqué pour l'exécution; c'était une promenade publique appelée la Garenne. Le vénérable évêque de Dol semblait fléchir, épuisé par les veilles et la fatigue. M. de Sombreuil lui dit :

— Allons, monseigneur, du courage.

Les officiers choisis pour composer les commissions militaires avaient refusé de pareilles fonctions; de même que les chefs ne voulaient point être juges, les soldats ne voulaient pas être bourreaux. Le général Lemoine s'était vu forcé de recourir à des soldats belges et à d'autres étrangers qui servaient sous lui. Il y eut encore un bataillon de volontaires parisiens et les deux bataillons d'Arras et de la Gironde qui ne reculèrent point devant cette besogne.

On rangea les gentilshommes autour de la promenade. A la vue des troupes étrangères chargées de l'exécution, ils se mettent à genoux, lèvent les mains et prient à haute voix pour la gloire et le bonheur de la France. Les soldats demeurent immobiles d'étonnement, les officiers sont touchés, cet élan religieux transporte la foule. On entend de tous côtés des sanglots et des cris de grâce.

Un sergent présenta le bandeau à M. de Sombreuil, il le refusa; on lui dit de se mettre à genoux, il répondit à l'officier : — Je fléchis les genoux devant Dieu, je me relève devant vous, qui n'êtes que des hommes.

— Des hommes! vous êtes bien bon, reprit à ses

côtés le jeune Talhouet. Quelques gentilshommes se mirent à rire.

M. de Sombreuil se retourna et embrassa M. de Locmaria et ceux qui étaient autour de lui. Des cris unanimes éclatèrent parmi le peuple, la foule menaça de rompre ses rangs. Le général Lemoine, furieux, commanda lui-même le feu. Des décharges à bout portant renversèrent de tous côtés les émigrés.

On les laissa sur la place. Toute la ville de Vannes allait les voir. Le soir, M. de Soulanges envoya retirer le corps de son petit-fils. Mademoiselle de Soulanges, voilée, voulut secrètement accompagner Dominique, qu'elle était obligée de soutenir. Ce fut elle qui chercha le corps d'Hector parmi ces cadavres sans sépulture, tandis que le vieux serviteur, gémissant, se laissait tomber à genoux sur cette place. L'uniforme de M. de Locmaria était entr'ouvert, il avait encore à sa boutonnière une rose que les balles avaient déchirée, et, pour ainsi dire, clouée sur son cœur. Mademoiselle de Soulanges prit cette rose, la serra dans son sein, et baisa le front sanglant du vicomte.

M. de Soulanges fit déposer le corps d'Hector à côté de celui de son père, sous le tombeau de marbre du jardin.

M. Hector de Locmaria n'avait alors que vingt-deux ans ; il périt ainsi dans le premier de ces massacres réguliers qui épouvantèrent la Bretagne et l'Europe durant un mois. On fusillait chaque jour. Le sol de la Garenne, de l'Ermitage, de l'Armor, disent les historiens, fut inondé du plus pur et du plus noble sang de la France ; les chiens errants s'en gorgeaient sans le pouvoir tarir, amassés autour de ces cadavres, qu'on laissait nus à la vue du peuple. Les charretiers de l'armée républicaine, chargés plus tard des inhumations, s'en acquittaient avec des plaisanteries atroces qu'excitait lui-même un des généraux. Ils dépouillaient les morts, les saisissaient par les cheveux et les traînaient dans une fosse commune. On vit souvent de ces malheureux mal tués se ranimer alors et se débattre. Les fossoyeurs les abattaient d'un coup de bêche, et les couvraient de terre en ricanant. Un jour on aperçut, à cette place, des bras et des jambes crispés qui avaient entr'ouvert le sol dans leurs dernières convulsions.

Ces horreurs furent dépassées. On manquait de soldats de bonne volonté pour fusiller. L'ordre fut donné de dresser au meurtre des enfants de dix à quinze ans. Cet ordre s'exécuta. On fusilla dès lors sans relâche. La liste officielle porte à douze cents environ le nombre des royalistes égorgés au mépris de la capitulation ; mais les habitants de Vannes et d'Auray, qui ont tout vu, la trouvent incomplète. La plupart de ces victimes périrent au pied d'une colline, dans la prairie de Tréauray, accoutumée à s'engraisser de nobles funérailles, et qui, quatre cent trente ans auparavant, avait vu, dans la même bataille, renverser Bertrand Duguesclin, et mourir Charles de Blois. On appelle aujourd'hui cette prairie le *Champ des martyrs*. Les mères bretonnes dont les enfants sont malades y vont en pèlerinage.

LA
COMMISSION MILITAIRE

LA
COMMISSION MILITAIRE

Il est bon de prévenir le lecteur qu'il n'y a pas ici la moindre invention, ni même un détail qui ne soit de la plus scrupuleuse exactitude. Cette anecdote m'a été contée par le colonel B..., homme simple et froid, par hasard, sans passion, comme un événement particulier de sa vie. Je m'efforcerai de conserver dans son récit, peut-être sans y réussir, ces impressions pénétrantes et cette nudité brutale de la vérité qui me faisaient frémir l'autre soir au coin de mon feu. Quand on lit ces épisodes sanglants de la Révolution, on demeure toujours un peu sous l'influence banale de la lettre morte et de la composition littéraire ; on n'en est point frappé, on n'y croit point tout à fait, il semble qu'on lise un roman atroce ; mais, quand un homme à cheveux blancs, à l'aide des parenthèses et des ressources d'une conversation, vous peint le lieu, la scène, les personnages, jusqu'à ces moindres circonstances qui saisissent l'imagination, et vous dit tranquillement : *J'y étais, je l'ai vu*, la raison s'épouvante et se cabre.

— Vous étiez au siége de Lyon? disais-je donc à M. B... dans l'intention de le faire parler.

— Oui, monsieur. On nous y appela des montagnes de la Savoie, où nous étions alors en observation. J'étais capitaine.

— Déjà capitaine?

— Mais j'étais officier déjà sous l'ancien régime, ou à peu près. Je fus nommé sous-lieutenant en 1790, au sortir de l'école militaire de Condom. J'ai encore mon brevet avec les fleurs de lis de Louis XVI. J'étais revenu à C... à la suite des événements. Lors de la grande levée, on donna les grades de préférence aux citoyens qui avaient déjà servi. Je fus nommé d'emblée au commandement d'une compagnie. Les élections se faisaient dans la vieille église des Cordeliers, où l'on avait mis depuis, si vous vous en souvenez, les magasins de fourrages ; c'était précisément dans le réfectoire des religieux. Mais vous êtes trop jeune pour avoir vu tout cela. On nous expédie en Savoie, où nous demeurons fort longtemps, avec le froid et les neiges de ce pays-là, sans vivres, sans souliers, et dans l'inaction. Nous descendîmes ensuite vers Lyon du haut des Alpes, et nous y trouvâmes une armée qui arrivait de Paris, et qu'on appelait l'*armée révolutionnaire*. Vous n'avez pas idée de ces troupes-là. C'était une horde de pillards et d'égorgeurs ramassés dans les boues sanglantes de la capitale. Ils avaient une cavalerie superbe. Elle devait être composée, en grande partie, j'imagine, de palefreniers et de laquais de bonne maison qui avaient dénoncé leurs maîtres et pillé leurs écuries. Nos hommes détestaient les soldats de cette armée révolutionnaire : on relevait tous les matins vingt à trente des leurs sabrés en duel par nos grenadiers ; car il faut vous dire une chose qu'on ne sait guère aujourd'hui, et qui est restée ensevelie dans le chaos d'iniquités de tout genre de ce temps-là : on payait en papier, en *assignats*, les loyaux services de nos soldats ; mais ces misérables, sans courage et sans discipline, étaient soldés en belles et bonnes espèces. On leur donnait même, je crois, une haute paye de trente sous ; vous devinez pour quelles besognes. Une fois la ville prise, figurez-vous cette meute déchaînée dans Lyon et dirigée par Collot-d'Herbois; les mitraillades, la guillotine en permanence, et les habitants massacrés régulièrement. Nous en menions fusiller tous les jours une cinquantaine...

— Vous, colonel!

— Nous comme les autres. Ah! il fallait être sans pitié, il fallait étouffer son cœur et obéir, sous peine de mort. Vous vous étonnez? Mais, pour la plus légère infraction, même involontaire, à cet horrible service, nous passions, officiers ou soldats, du rang des exécuteurs dans celui des patients. Voici ce qui m'arriva une fois. On vidait les prisons tous les jours à midi. On menait les condamnés à la place des Terreaux, on les rangeait en cercle autour du perron de l'Hôtel de Ville, bien doublés de troupes de toutes parts. Les officiers municipaux s'avançaient sur les degrés, leur donnaient lecture de la sentence, et puis on les conduisait au supplice. Un jour que j'étais de service, la sentence lue, je commande le roulement du départ; mais quelqu'un arrête mon bras : une femme venait de rompre la haie, elle se jette sur l'un des condamnés, son mari sans doute ou son père, qu'elle ne lâche plus. On eut toutes les peines du monde à la dégager de cet embrassement, et on l'emporta presque morte. Certes il n'y avait point là de ma faute : je fus mis aux arrêts forcés pour trois jours. Il arriva pire à mon lieutenant : il menait douze Lyonnais à la mort avec une escorte assez faible; l'un de ses hommes rompt ses liens, renverse deux gardes, et disparaît dans l'allée d'une maison ; on lui tira cinq ou six coups de feu, il ne fut pas atteint. Il faut être de Lyon pour se reconnaître dans certains quartiers percés de ruelles et de passages obscurs : le Lyonnais fut sauvé; le lieutenant fut enfermé dans la prison commune. La prison, comme j'ai dit, se vidait le lendemain à midi pour la fusillade; nous eûmes toutes les peines du monde à faire sortir le lieutenant à onze heures trois quarts; vingt minutes plus tard, il était mort. Cet homme en fut si frappé, qu'il passa deux mois après en Piémont. Eh bien, malgré tout, nous sauvâmes encore beaucoup de condamnés par des enrôlements secrets. Tous nos officiers en avaient pris parmi leurs hommes, au péril de leur tête. J'en avais vingt-deux dans ma compagnie. Ils désertèrent comme le lieutenant quand on nous rappela sur la frontière.

..... Fatigué de ces horreurs, reprit le colonel après un silence, et de ce métier de soldat, qui n'était alors que celui d'assassin, je demande un congé et je retourne passer quelques jours dans ma famille. On m'avait envoyé quelque temps auparavant dans le Vivarais pour y surveiller un prétendu rassemblement d'émigrés qui n'existait pas, et j'avais eu le bonheur d'empêcher dans ce pays-là le pillage de quelques maisons honnêtes. Cela se sut à C...; je passais déjà pour un *aristocrate*; et puis je n'allais pas au club. Les savetiers beaux parleurs trouvaient fort mauvais qu'on n'allât pas les entendre. Une révolution n'est pas seulement le règne des méchants, c'est le triomphe de la bêtise; figurez-vous la bêtise devenue féroce, et des rancunes de pédant servies par la guillotine. Je fus dénoncé. Mon beau-frère m'avertit un soir que je n'avais qu'à rejoindre mon corps, où du moins on ne s'occuperait plus de moi. Je retourne à Lyon, comptant que tout y serait fini. J'arrivai à propos, comme vous allez voir. Le lendemain de mon arrivée, je suis commandé pour l'exécution militaire; il y avait deux cents hommes à fusiller! Voici comment on les conduisait aux Brotteaux. La plaine des Brotteaux...

— Je connais Lyon, colonel, et je la vois d'ici.

— Ah! vous la connaissez. Les condamnés avaient les mains solidement attachées derrière le dos avec une corde. On les menait l'un derrière l'autre, sur une file, chacun entre deux gendarmes. Les troupes chargées de l'exécution marchaient en haie des deux côtés. Je commandais un détachement de quatre cents hommes. On me livre cent condamnés, et l'on m'adjoint pour les cent autres un officier à la tête de quatre cents recrues, des bourgeois, des paysans levés depuis peu. Il y avait dans la plaine des Brotteaux une rangée de vieux arbres, et le long de ces arbres une grosse corde tendue à ceinture d'homme. Les gendarmes, en arrivant, alignaient de front les condamnés l'un à côté de l'autre, et attachaient à la corde tendue la corde qui leur serrait les mains. En même temps, la troupe se rangeait en bataille à quinze pas, sur une ligne parallèle, chaque détachement en face de ses condamnés. Ce jour-là, les préparatifs achevés, le sous-officier de gendarmerie vient m'avertir; je lève mon épée, les tambours battent, je commande le feu... Mes hommes étaient exercés, tous les coups portent; il n'y eut pas un cri; tout était mort. Mais au même instant les recrues tirent. Vous n'avez rien vu, rien entendu, rien imaginé de plus effroyable. Pas un de leurs pauvres diables n'était blessé à mort, et tous frétillaient le long de la corde, et tous criaient avec des râles affreux : *Ah! mon Dieu! mon Dieu! la tête!*

la gorge! achevez-moi! grâce! au secours!... Pendant ce temps-là, dix pièces de canon tonnaient autour de nous pour étouffer ces cris, car la foule était à deux cents pas de là, qui criait et s'agitait aussi. Il fallut le temps de faire recharger les armes de mes quatre cents hommes, de filer par le flanc droit, et de masquer le front de ces pauvres recrues, qui tremblaient sur leurs jambes. A mon second commandement de *feu!* les cris cessèrent, tous les cadavres bondirent sur la corde, roides et immobiles.

Le colonel me regarda fixement.

— Une autre fois, continua-t-il, ils s'avisèrent d'un nouveau mode d'extermination. Ils conduisirent les prisonniers dans cette même plaine des Brotteaux, au nombre de deux ou trois cents; on les serre les uns contre les autres, on les rassemble en tas, et les gendarmes s'écartent. Nous étions en ligne à vingt pas de là : nos rangs s'ouvrent, filent à droite et à gauche, et démasquent une batterie de pièces chargées à mitraille. Les condamnés y voient mettre le feu : ils se jettent la face contre terre, la mitraille ne les atteint point; ils se relèvent en hurlant, égarés, et se mettent à fuir comme ils peuvent, dans toutes les directions. On lâcha sur eux cette cavalerie révolutionnaire dont je vous parlais. Ils furent sabrés, taillés, hachés çà et là dans la plaine. Oh! des abominations!... Vous frémiriez si je vous racontais... Je mets tout pêle-mêle... Des choses que vous ne croiriez pas. Tenez, je puis citer un trait entre mille autres.

C'était là que j'en voulais venir. Je me carrai dans mon fauteuil.

— Une nuit, dit le colonel, je venais à peine de me coucher après un service des plus rudes, et des patrouilles, des rondes qui n'en finissaient pas dans une ville accablée d'un pareil régime civil et militaire : on me réveille, et je reçois l'ordre d'obéir à un homme qu'on me présente. C'était un membre de la commission révolutionnaire. L'ordre était en règle. Cet homme aussitôt m'enjoint de prendre avec moi trois cents soldats et de le suivre. Je m'équipe à la hâte; je mande mes sous-officiers, le détachement est bientôt sur pied. Nous filons silencieusement dans les rues. On arrive aux portes de Lyon, on les passe; le petit jour commençait à poindre quand nous fûmes dans la campagne. Je ne savais pas encore où nous allions. On fit à peu près trois lieues. Nous arrivons à un bourg entre Lyon et Belley, à égale distance environ des deux villes. Ce bourg s'appelle Crémieu; il est assez considérable pour qu'on trouve son nom sur la carte. Tout y semblait tranquille. Nous faisons halte à cent pas des habitations. Le commissaire m'ordonne de faire charger les armes et de cerner le village, avec le commandement exprès de tirer sur tout ce qui tenterait d'en sortir. Ces mesures prises, j'emmène la compagnie d'élite, et nous entrons dans le bourg l'arme au bras, le commissaire en tête, et moi toujours à ses côtés. Le calme et la beauté de la scène me sont restés dans la tête. Ce pays est admirable; si vous l'avez vu...

— J'en ai dû passer fort près. J'ai été à Genève par Bellegarde et Nantua.

— Vous connaissez alors ces jolies maisons blanches, ces toits longs et plats de tuiles rouges, le petit escalier qui rampe le long du mur, ces volets furtifs et ces treilles touffues qui s'épanchent sur des piliers à l'italienne. Le soleil venait de se lever, le ciel était pur, l'air encore frais; les cimes vertes des montagnes, chaudement éclairées des lueurs matinales, fuyaient à l'horizon, à demi voilées de vapeurs bleuâtres. On était à peine éveillé. Nous rencontrions sur le chemin quelque fille pieds nus, qui menait paître sa vache, et qui s'arrêtait pour nous voir passer, en écartant de sa main ses cheveux épars. Dès les premières maisons, le commissaire fit tuer un mouton, défoncer une barrique, de quoi rafraîchir nos hommes. Jusque-là, ajouta naïvement le colonel, il n'y avait pas grand mal; mais vous allez voir... Un roulement rétablit l'ordre, et nous enfilons la rue principale du bourg. Il se fit bientôt quelque mouvement, des fenêtres s'ouvrirent, on sortait sur les portes, on rentrait; la surprise, l'hésitation, retenaient ces pauvres gens; mais cependant un bruit sinistre courait partout. Nous nous arrêtions à chaque maison, le commissaire entrait, et je le suivais avec quatre ou cinq voltigeurs. Il s'avançait d'une allure brusque et gauche, et roulait çà et là de gros yeux terribles; mais ces premières maisons étaient si pauvres, les murs si nus, les grabats si tristes, qu'il ne trouva pas mot à dire. Dans l'une de ces masures pourtant, il aperçut sur un chambranle enfumé je ne sais quelle image de dévotion dans un vieux cadre de bois; il décrocha le cadre, le brisa, représenta à ces braves gens stupéfaits comme quoi le bon Dieu n'existait plus, et débita une belle allocution patriotique sur ces infâmes superstitions; puis il déposa un assignat de vingt francs sur un meuble comme pour payer le dommage.

— Et sans doute pour se ménager dans votre esprit un bon préjugé de son désintéressement et de ses façons d'agir avec le peuple?

— Il en aurait eu grand besoin, je vous jure. Nous arrivâmes vers le centre du bourg, où les maisons, de meilleure apparence, annonçaient les petits propriétaires, les cultivateurs aisés, les bons bourgeois de l'endroit. Il fallait voir la consternation se répandre à notre aspect et la terreur se peindre sur les visages de ces pauvres familles tout à coup frappées de la foudre! On savait tout ce qui se passait à Lyon. Les femmes, tremblantes, tombaient les bras pendants sur leur chaise; les servantes pleuraient; on emportait les enfants, qui jetaient les hauts cris, et les hommes, pâles, s'approchaient avec un sourire qui fendait l'âme...

— Allons, citoyen, disait le commissaire d'un ton dégagé, je suis bien fâché de vous déranger ; mais il faut nous suivre. J'ai des ordres sévères, le devoir avant tout ; il faut venir avec nous à Lyon...

On savait, comme je vous ai dit, le train des procédures et des supplices, on savait que tout individu arrêté était emprisonné, et que tout prisonnier était mort, et vous pouvez imaginer la stupeur que ces boucheries de Lyon avaient jetée dans les campagnes. Les femmes se mettaient à crier, ou se jetaient à genoux, ou s'évanouissaient. Les hommes balbutiaient d'une voix éteinte je ne sais quelles protestations de civisme. Le commissaire laissait à ses premiers mots le temps de produire tout leur effet, alors il ajoutait :

— Cela vous inquiète, je le conçois. Nous ne sommes pas de pierre, que diable ! Mais écoutez, je vois que vous êtes de braves gens, de bons citoyens ; entre nous, il y aurait peut-être moyen de s'entendre.

Une lueur d'espoir, une espèce de rire forcé, paraissaient sur les visages. On faisait un mouvement, on attendait, bouche béante.

— Avez-vous de l'argent, des économies ? Si vous vouliez en faire le sacrifice à la patrie, et me dédommager en quelque chose, je pourrais consentir à fermer les yeux et vous laisser chez vous.

— Quoi ! m'écriai-je, en propres termes ?

— En propres termes, dit le colonel, et je crois même que j'atténue encore la crudité grossière de la proposition.

— Mais c'était une expédition de voleurs de grand'-route.

— Eh ! mon Dieu, oui.

— Devant un officier, devant vous ?

— Devant moi ! et je ne soufflais mot, et je m'efforçais de garder un air indifférent ; si j'avais seulement hoché la tête, elle serait tombée. Vous concevez que les malheureux paysans déliaient à l'instant le portefeuille et livraient tout ce qu'ils avaient chez eux de valeurs et d'argent ; ils allaient chercher jusqu'à de vieilles montres ou quelque pauvre et unique bijou, venant d'un aïeul, et c'était pitié de les voir se dépouiller de ces reliques de famille si pieusement conservées dans la maison. Le commissaire ne se trouvait jamais assez payé : il eut le courage de prendre un méchant portrait en médaillon à une vieille femme qui pleurait de le lui voir emporter. La même visite se répéta avec les mêmes détails et le même succès dans les habitations principales, jusqu'au bout du village, qui fut pillé lestement et sans bruit, comme vous voyez. Là, il y avait l'église, pavoisée d'un grand drapeau tricolore, et le presbytère, tenant à l'église. Le commissaire me dit qu'il voulait aller chez le curé. Je lui fis observer qu'il était peu probable qu'on le rencontrât à cause des événements ; le commissaire me répondit en hâtant le pas : *Il ne faut rien avoir à nous reprocher.*

C'était une petite maison à demi cachée sous le

lierre et la vigne ; je crois la voir encore. On traversait quelques pieds de terrain à peu près inculte, où montaient pêle-mêle, parmi les herbes, des *passe-roses*, des tournesols et les échalas d'une tonnelle en ruines, le tout entouré de bourrées d'épines en manière de haie, où tenait encore une claie rompue peinte en vert. Il y avait sur le seuil un enfant en haillons, qui jouait au soleil avec une chèvre attachée au pied d'un platane. Le commissaire lui demanda, par précaution, s'il y avait quelqu'un au logis. Il leva la tête, la baissa aussitôt avec cette timidité farouche des enfants du Midi, et puis montra du doigt la maison. Nous vîmes paraître, à l'entrée du corridor, une servante qui n'eut pas le courage de faire un mouvement ni de répondre à nos questions. Nous pénétrâmes dans une salle basse. Le curé était assis dans un grand fauteuil près de la fenêtre, un livre dans les mains ; c'était un vieillard de haute taille, maigre, un peu voûté, avec de grands cheveux poudrés à blanc ; il leva la tête et nous regarda à travers ses larges lunettes.

— Ah! pour toi, dit le commissaire en l'apercevant et sans saluer, pour toi, mon cher ami, il faut absolument que je t'emmène. La commission a besoin de t'interroger : tu vas me suivre à Lyon... et sur-le-champ.

Le curé ôta ses lunettes, les mit dans son livre, posa le livre et essaya de balbutier une question, sans pouvoir achever un mot.

— Allons, dit le commissaire, allons, nous n'avons pas de temps à perdre, nous partons à l'instant.

Le bonhomme se leva enfin, et dit : — Je pense qu'on n'a rien à me reprocher ?

— Tu t'expliqueras là-bas ; mais il n'y a pas moyen de faire autrement ; il faut que tu viennes avec moi.

Le curé jetait sur nous et autour de lui des regards effarés, et il dit encore : — Monsieur, je suis aimé dans le pays, et l'on m'avait assuré qu'en me conformant aux lois...

— Sois tranquille, reprit le commissaire, la loi est juste... Au reste, ajouta-t-il d'un ton capable, je te prends sous ma protection. Une fois à Lyon, je ne t'abandonnerai pas.

— Eh bien, monsieur, je suis tranquille. Je vous suivrai.

— Mais tout de suite.

— Soit, monsieur, comme vous voudrez.

— Tu auras besoin d'argent là-bas ; on n'a pas toutes ses aises en prison. Il faut emporter ce que tu as. Je m'en chargerai.

Le curé haussa les épaules, alla ouvrir une grande armoire, et rapporta dans le creux de sa main un petit papier où il y avait deux écus de six livres.

— Allons, tu plaisantes; tu as de l'argent dans ton église, dans ta sacristie. Il faut nous montrer ça.

En même temps le commissaire nous fit signe de le suivre vers un corridor qui devait mener dans l'intérieur de l'église. Le curé, qui s'était approché de sa gouvernante comme pour lui donner ses instructions, se hâta de marcher devant nous, en disant qu'il n'y avait là que des ornements d'église.

— Eh bien, nous verrons, dit le commissaire.

Au bout du corridor, nous nous trouvâmes en effet dans la sacristie.

— Ouvre-nous ta boutique, dit le commissaire en frappant avec le fourreau de son sabre sur des panneaux qui résonnaient creux.

Le curé tira une petite clef de sa poche et ouvrit une armoire à larges vantaux, où étaient précieusement rangés les objets du culte.

— Ah! ah! Eh bien, dit le commissaire, voilà de la monnaie qui dort. À quoi bon laisser cela ici?

Il déroula des étoles, des chasubles, des chapes, déchira le galon, l'arracha tout du long et le coupa d'abord en morceaux d'un pied de longueur environ, qu'il distribua à chaque voltigeur qui était là. Il saisit ensuite le calice, le tordit sur son genou et l'aplatit pour l'emporter plus aisément. Il en fit autant des autres vases sacrés, prit tout ce qu'il y avait là de plus précieux, et repoussa du pied les étoffes dans l'armoire. J'étais tellement attaché aux opérations de cet homme, que je ne songeai point à regarder la physionomie du vieux curé, qui se tenait à mes côtés en roulant son mouchoir dans ses mains croisées.

Quand cela fut fini, le commissaire reprit : — Allons, en route ! — Le curé fit mine de repasser un moment chez lui; mais le commissaire l'arrêta en disant : Ne t'inquiète de rien; si par hasard ton emprisonnement se prolongeait, je suis là pour te procurer quelques petites douceurs; et puis d'ailleurs je verrai, j'arrangerai cette affaire pour te laisser plus tôt quitte.

Et il l'entraîna tout droit par une autre porte en lui frappant de la main sur l'épaule. Mais, quand nous traversâmes le jardin, sa gouvernante accourut lui porter son chapeau et sa tabatière. Je ne sais pas bien si ce jardin n'était pas le cimetière, il y touchait du moins. J'ai comme un souvenir confus de débris de croix noires dans les herbes, le long d'un petit mur. Nous étions à peine dehors qu'un enfant se mit à courir près de nous en criant dans le patois du pays : Monsieur le curé! monsieur le curé!

C'était l'enfant que nous avions vu jouer sur la porte. Il vint se jeter dans les plis de la soutane du vieux prêtre.

— Monsieur le curé! où allez-vous, monsieur le curé?

— Je vais à Lyon.

— Ah! vous allez à Lyon; ah! et vous m'apporterez quelque chose?

— Oui, je t'apporterai quelque chose.

— Ah! et que m'apporterez-vous? Apportez-moi... Non, apportez-moi un chapelet.

Le curé l'embrassa.

— Renvoyez cet enfant, dit le commissaire.

— C'est le fils d'un homme du pays, qui vient de mourir à l'armée, dit le curé.

Il avait sans doute recueilli cet enfant, qui semblait demeurer au presbytère.

— Un bien brave homme... cet homme-là... reprit-il d'un ton contraint et naïf, et comme pour se mettre à l'aise. Mais le commissaire se rapprocha de

15.

moi. Un peu plus loin, il commanda le rappel; on forma les rangs. Le curé marchait au centre du premier peloton.

Nous traversâmes le village dans toute sa longueur au son des tambours, qui battaient la marche. Il faisait grand soleil, mais le bourg semblait frappé de mort; tout était désert et silencieux comme au milieu de la nuit. Je vis seulement derrière les vitres les têtes de quelques bonnes gens qui suivaient des yeux leur pauvre curé entre les soldats. On releva les factionnaires au bout de la rue, je rassemblai le reste du détachement, et nous reprîmes le chemin par où nous étions venus, le commissaire et moi toujours en tête, le curé parmi les hommes du premier rang. J'ai peine à concevoir maintenant comment un homme de cet âge put faire ces trois grandes lieues au pas de la troupe. Il ne se plaignit point... Nous arrivâmes à Lyon sur les trois heures de l'après-midi, et l'on suivit le Rhône jusqu'à la hauteur des Terreaux, qu'il fallait traverser. On se détourna à la rue qui est là...

— Je vois très-bien, dis-je au colonel, la rue qui fait face au pont Morand.

— Justement. Parvenus au milieu de cette rue, qui n'est pas longue, comme vous savez, mes tam-

bours s'arrêtent. Le bout de la rue qui donnait dans
la place était embarrassé de monde et de troupes. Je
m'avançai pour connaître l'obstacle, des gendarmes à
cheval me crièrent je ne sais quoi que je n'entendis pas
bien, et je répliquai par un mouvement d'impatience
auquel ils n'osèrent point résister. Les tambours
fendent la presse, et la tête de ma colonne débouche
dans la place, que nous devions traverser en diagonale;
mais je vis alors qu'il serait impossible de passer. C'é-
tait l'heure des exécutions, qui duraient d'ailleurs
toute l'après-midi. La place était encombrée de peuple
et de militaires, et les troupes formaient le carré autour de l'échafaud. Le couteau de la machine tombait
et se relevait dans un morne silence, avec la régularité du marteau sur l'enclume; l'écho en frémissait le
long des maisons voisines, et l'on n'entendait, mêlé
à ce bruit horrible, qu'un sourd cliquetis d'armes et de
pieds de chevaux. Je me retournai vers le commissaire pour le consulter, il me cria : En avant! et s'approcha. On s'écartait sur son passage, à la vue de son
écharpe. Nous touchions aux gendarmes qui faisaient
la haie. Notre arrivée avait produit quelque mouvement dans la foule, et les regards se tournaient vers
nous. Le commissaire s'avança entre les gendarmes,

fit signe à l'un des hommes qui étaient sur l'échafaud, et, tandis que cet homme venait à lui, il vint prendre le curé à mes côtés, le tira par le bras vers cet homme, et, se tournant vers moi avec un ricanement d'intelligence, il me cria en me faisant signe de longer les maisons : *Vous pouvez retourner au quartier.* Les rangs des gendarmes se refermèrent.

Je fis défiler sur deux rangs, et nous suivîmes en effet les côtés de la place pour en gagner l'autre extrémité. J'osais à peine pénétrer les motifs de cette dernière action du commissaire ; j'allais devant mes hommes, la tête baissée, feignant de choisir les pavés. Nous côtoyions les rangs de la troupe près de l'échafaud, et j'avais dans l'oreille un bruit d'apprêts et de ferraille qui me laissait imaginer et suivre lentement ce qui s'y passait, avec plus d'horreur peut-être que si j'eusse regardé. Au bout de la place et sur le point de quitter une telle scène, je ne sais quelle abominable curiosité m'arracha un mouvement : je levai les yeux sur l'échafaud ; une longue figure noire à cheveux blancs venait d'y monter. Je baissai les yeux et les relevai malgré moi. La tête du vieux curé tombait...

Je me détournai vers mes hommes. Ils avaient tout

vu, tout compris ; ils marchaient en silence, les yeux fixés à terre. En ce moment on entendit de loin une musique criarde qui entonnait la *Marseillaise*. — Les gredins ! maugréa dans sa cravate mon sergent, qui sortait de l'ancien régiment d'Auvergne. Je n'ai jamais su s'il parlait des victimes ou des bourreaux ; mais il avait une si vieille et si honnête moustache...

— Comment s'appelait cet homme ? demandai-je au colonel.

— Quel homme ?

— Ce commissaire.

— Ah ! je ne m'en souviens pas, ou même je ne l'entendis pas nommer.

— Mon Dieu ! repris-je, comment se fait-il que de pareils noms soient rentrés dans l'ombre ? Ne s'est-il pas versé assez de sang pour les inscrire en rouge sur les monuments de la France ?

— Je vous parle d'un prêtre, dit le colonel ; un jour on guillotina sur la même place douze religieuses et leur aumônier pour avoir...

Le colonel me regarda.

— ... Pour avoir chanté des cantiques. Ce fut là le motif du jugement. Un autre jour, pendant les supplices, un homme du peuple haussa les épaules d'horreur ou de pitié : on le prend, on l'entraîne, on le pousse sur l'échafaud, et sa tête suivit celles qu'il venait de voir tomber.

— Méfions-nous, dis-je comme en parlant à moi-même, de ceux qui demandent l'abolition de la peine de mort.

— A propos de quoi dites-vous cela? reprit le colonel.

— C'est qu'il me souvient que ces mêmes hommes, dans le même temps, la demandaient à grands cris dans la Convention, et que, le 1er prairial, Legendre et Bourdon l'invoquaient encore devant la tête sanglante de Féraud, que leurs sicaires venaient de scier à coups de sabre...

. . . .

Ceci était écrit depuis quelques mois, et je repassais à Lyon il y a trois semaines. Ces récits me revinrent en mémoire en marchant à pas lents sur la place des Terreaux, et j'épiais sur les murs de ses façades muettes les derniers échos de la hache de 93. Les passants affairés se pressaient le long des boutiques, des colporteurs criaient leurs marchandises, des jeunes gens lisaient des gazettes sur la porte des cafés, un orgue jouait près de là une chanson des rues de

Paris, et je me rappelai confusément cette phrase des immortelles *Considérations sur la France*, qui commence ainsi : *Mais nos neveux, qui s'embarrasseront très-peu de nos souffrances et qui danseront sur nos tombeaux...*

LA STATUE

DE SAINT GEORGE

LA STATUE

DE SAINT GEORGE

Vers le milieu du mois de mars 1796, après les derniers combats de Charette dans le Bas-Poitou, comme on poursuivait cet homme à outrance, les chefs militaires reçurent avis qu'il se cachait avec une poignée de fidèles dans une église abandonnée, au milieu des bois, près de la mer. À tout hasard, une compagnie d'infanterie légère, commandée par le capitaine Gobert, officier nantais, fut envoyée pour fouiller les ruines de la vieille abbaye de…

Mais il vaut mieux conserver au récit la forme romanesque qu'il prit l'autre soir dans la conversation.

Sur la rive gauche de la Loire, à son embouchure entre Bourg-Neuf et Machecoul, dans une campagne déserte, on voit encore à présent une enceinte de vieux murs, inégalement démolis à dix ou douze pieds de terre, rongés d'herbes et flanqués d'énormes contre-forts dont il n'est demeuré que la base. Ces murs furent ceux d'une église. On devine de place en en place, sur la crête ruinée, le cadre des ogives. Le portail n'est plus qu'une brèche obstruée de broussailles et de pierres amoncelées. C'est là tout ce qui reste de l'ancienne abbaye de Saint-Cyr, qui était aux bénédictins.

Cette église, mise à nu, a conservé quelque chose de son caractère religieux. La voûte du ciel, après tout, remplace bien la voûte disparue ; en somme, l'aspect de cette ruine est étrange. Le sol de l'enceinte s'est chargé partout d'une végétation sauvage et inextricable où l'on enfonce jusqu'aux genoux, mais où l'on ne met guère les pieds à cause des couleuvres et des crapauds qui fourmillent sans doute dans ce fond couvert et marécageux.

Les restes de l'abbaye de Saint-Cyr sont environnés dans le pays d'une frayeur respectueuse ; les crapauds y sont pour leur part, mais ces craintes populaires tiennent surtout à des souvenirs qui ont donné lieu au récit suivant. Il s'agit, ni plus ni moins, d'une légende, laquelle date d'une époque où l'on ne se piquait point de croire aux miracles, quoiqu'il s'en fît certes d'assez grands, c'est-à-dire du printemps de l'an de grâce 1796. On ne trouvera guère le moment mieux choisi pour la publier.

Avant 1789, l'abbaye de Saint-Cyr s'élevait au milieu d'un vaste enclos dont on avait fait des jardins. Ses terres s'étendaient au delà dans la campagne en prairies, champs et bois; à l'église tenait un bâtiment irrégulier, bâti à diverses époques, où demeuraient fort à l'aise à peu près cent religieux. Les fermes avec les basses-cours, les granges et les étables, étaient à l'extrémité des jardins en dehors du clos; plusieurs familles de paysans vivaient là tranquillement.

Après les premières lois révolutionnaires sur les communautés religieuses, l'abbaye commença de se dépeupler. Quand Charette se mit à la tête de l'insurrection dans la contrée, tous les paysans prirent les armes, quelques moines suivirent l'armée, les fermes furent abandonnées; il ne resta plus au couvent qu'un petit nombre de religieux parmi les plus vieux, vivant comme ils pouvaient des fruits du jardin et surtout d'aumônes.

Bientôt les environs devinrent le théâtre de la

guerre, qui fut horrible à cause des représailles qu'exerçaient les deux partis. L'abbaye fut surprise un jour par les *bleus* : les moines furent massacrés ou mis en fuite. Les bâtiments de la communauté s'écroulèrent au milieu des flammes, qui ne purent mordre aux murs de granit de l'église. Le clos, les jardins, furent dévastés, les maisons des paysans saccagées, et l'on égorgea sans miséricorde les femmes et les vieillards. C'étaient là trop souvent les marques du passage des troupes dans ces guerres du Poitou et de la Bretagne.

Un jeune garçon sauvé par miracle fut témoin de ce massacre. C'était le fils d'un jardinier de l'abbaye mort depuis cinq mois à l'armée de M. Charette. Il s'appelait Mathurin Pasquet. Demeuré orphelin avec une mère déjà infirme, les religieux avaient pris cet enfant en affection, ils lui avaient montré la lecture et le plain-chant, et l'un des plus vieux, le vénérable dom Aloys, l'avait en quelque sorte adopté. L'abbaye, où il était né et dont il n'était jamais sorti, était pour cet enfant comme une patrie, les religieux lui tenaient lieu de famille. Le matin, il servait des messes à l'église ; de plus, il travaillait au jardin, où, tout jeune qu'il était, il s'efforçait de remplacer son père.

Le jour de l'irruption subite des *bleus*, surpris dans sa besogne au milieu d'un verger, il n'eut que le temps de se blottir dans un monceau d'herbages préparés pour servir d'engrais. De là il entendit, glacé d'effroi, les roulements du tambour, la mousqueterie, les hurlements de la soldatesque et les cris pitoyables des victimes qu'elle atteignait ; il vit les religieux fuir de toutes parts, le vieux dom Aloys tomber à vingt pas de là sous les baïonnettes, la fumée et la flamme envelopper la petite maison de sa pauvre mère, enfin les granges et le grand bâtiment de l'abbaye s'écrouler avec un fracas épouvantable. Il fut le seul être humain demeuré vivant sur le lieu de la catastrophe.

Le lendemain au soir, les paysans des environs, qui avaient vu repartir la colonne des bleus, vinrent rôder autour de l'abbaye ; ils aperçurent de loin, aux dernières lueurs du jour, comme un spectre qui se promenait lentement parmi les décombres. C'était Mathurin, pâle, défait, hagard. Il n'avait point mangé depuis vingt-quatre heures. A la vue des gens qui s'approchaient, il fut pris d'un tremblement convulsif, et tomba dans leurs bras, vaincu par la défaillance.

Quand on l'eut ranimé, on voulut l'emmener, mais il

s'y refusa. Il avait l'œil fixe et farouche, la parole incohérente, le geste brusque, et l'on connut à ses récits que le spectacle qu'il avait vu lui avait dérangé la tête.

Il fallut le laisser dans ce lieu de désolation, où deux braves garçons du pays voulurent bien passer la nuit avec lui. Ils lui accommodèrent une espèce d'abri avec des restes de meubles, sous les ruines mêmes de sa maison maternelle, et, dans la suite, il ne fut pas moins impossible de l'arracher de cet endroit. Durant les premiers jours, des femmes charitables lui portaient à manger; lui-même il rétablit peu à peu sa chaumière, et se remit à cultiver les carrés du potager, qui lui donnaient à subsister. Il n'était point fou précisément, jamais on ne le vit rien faire d'absolument déraisonnable; mais ce jeune esprit, troublé par une secousse trop forte, était demeuré comme suspendu dans ses progrès. Les paysans avaient un mot pour cette espèce d'enfance prolongée, ils appelaient Mathurin l'*Innocent*.

Cet état moral d'un individu donne lieu, dans certains cantons de la Bretagne, à des opinions superstitieuses qu'on retrouve, sans doute à cause du voisinage, dans le Bas-Poitou; surtout l'entêtement singulier du jeune Mathurin à rester en tel lieu ne manqua point d'enflammer l'imagination populaire. On se figura je ne sais quels liens mystérieux qui le retenaient aux ruines de l'abbaye ; et, comme l'église était seule restée debout, on fit de l'idiot une sorte de génie tutélaire à qui l'on attribua la conservation surnaturelle du lieu saint et notamment d'une statue colossale de saint George, fort en vénération, qui surmontait le maître-autel. Là-dessus les récits et les témoignages de toute espèce ne firent pas faute. On répandit que l'Innocent se promenait toutes les nuits à pas lents dans le clos autour de l'église ; quelques-uns l'avaient entendu chanter au chœur avant le jour, à l'heure des matines ; d'autres assuraient l'avoir vu à la lueur des éclairs ricaner en haut du clocher et défendre la flèche contre la foudre. Il n'y avait de vrai dans ces détails que certaines manies maladives de l'infortuné Mathurin, qu'on aurait pu simplement expliquer par les souvenirs terribles dont il était demeuré frappé.

Il faut dire encore que l'état présent de l'antique abbaye donnait carrière aux inventions villageoises. Le peintre et le poëte n'auraient pu mieux choisir leur place pour évoquer quelque scène effrayante. Les vergers, les jardins, les fermes dévastés, avaient laissé, sauf quelques pans du petit mur d'enceinte où s'appuyait la cabane restaurée de l'idiot, un vaste espace de terrain inculte et découvert. L'église, dégagée des bâtiments ruinés et les flancs noircis par les flammes, s'élevait seule au milieu de cette arène, svelte, hardie, inébranlable et perçant la nue de sa flèche. Plus loin on ne voyait alentour que des bois sombres et silencieux. La profonde solitude et les traces de la dévastation sacrilége imprimaient à cet édifice je ne sais quel caractère menaçant et redoutable. Les vitraux des ogives avaient été crevés, les portes détruites ; le porche noir et toujours béant n'était plus qu'un antre dont nul n'osait sonder les ténèbres. A l'intérieur, la ruine et la profanation étaient encore plus frappantes. Les tableaux, les ornements, avaient disparu ; les autels étaient dépouillés. Sur les murs froids et nus couraient des échos indignés qui s'allaient perdre en grondements sinistres dans les ténèbres de l'immense voûte. Il ne restait dans le chœur que les boiseries poudreuses des stalles, et debout au-dessus du maître-autel, commandant à ces longues files de siéges silencieux, la statue de saint George dont on a parlé. Cette figure, haute de six pieds, massive et grossièrement taillée dans la pierre, semblait écraser de son poids le large autel qui lui servait de piédestal et qui lui-même, par sa matière et ses dimensions, rappelait les *dolmen* druidiques. La statue représentait un vieux guerrier armé de toutes pièces, la tête nue, avec une barbe épaisse qui descendait sur sa poitrine. C'était probablement un ancien patron du pays, quelque pieux baron mort jadis en odeur de sainteté, plutôt que le saint George qui terrasse le dragon dans la légende. La tradition voulait qu'un trésor fût caché sous la base de cette statue ; et ce qui sans doute avait donné lieu à cette opinion était que l'énorme figure reposait simplement sur le socle en équilibre et sans soudure. Rien n'était plus aisé que de vérifier le fait ; mais, soit respect religieux, soit mépris d'une erreur populaire, les bénédictins ne l'avaient jamais tenté, et certes, depuis le sac du couvent en 1793, personne n'eût osé l'entreprendre. De là fut accréditée davantage la vertu protectrice de l'innocent, qui veillait sans doute à la garde du trésor séculaire.

Deux ans plus tard, quand Charette reprit les armes, après son traité de la Jaunais et son entrée pompeuse à Nantes, la guerre se ralluma dans ces environs ; mais Charette touchait à ses derniers moments. Abandonné, trahi par les siens, les généraux républicains ne lui donnaient point de relâche, on le traquait de place en place, et des détachements à sa poursuite pénétraient dans les coins les plus déserts du pays. Une compagnie de l'ancienne légion nantaise, sur des renseignements prétendus certains, se mit en marche pour Saint-Cyr, venant de Machecoul.

La légion nantaise, devenue plus tard régiment d'infanterie légère, s'était formée, au commencement de la Révolution, de tous les fils de famille de la ville de Nantes. Mais, depuis trois ans, ses cadres s'étaient à peu près renouvelés; il ne restait de l'ancienne formation qu'un petit nombre de soldats et les officiers; et, par un contraste digne du temps, soit désordre, soit précaution, on avait enrégimenté dans ce corps distingué les débris et le rebut des compagnies marseillaises que Santerre avait menées à sa suite sur les champs de bataille de la Vendée.

La compagnie qui partit de Machecoul était commandée par deux officiers, M. Gobert, capitaine, et le lieutenant Geoffroy, l'un et l'autre appartenant à d'excellentes familles bourgeoises de Nantes, et montés en grade pendant la guerre. Quoique le capitaine Gobert n'eût point contre les Vendéens cette furie jacobine qui ne reculait devant aucune atrocité, il essayait de remplir son devoir en dissimulant sa tiédeur, qu'on eût tournée à crime. Dans le fond, il était ce qu'on appelait alors un *modéré*; mais la certitude de mettre fin à cette affreuse guerre en prenant le général Charette lui donnait en ce moment un zèle véritable; en somme, il avait à part lui ses petits principes encyclopédiques et constitutionnels. Il avait donné dans les commencements de la Révolution, durant ces préludes éternellement ridicules de larges cocardes, d'acclamations niaises et de banquets patriotiques; il était de cette foule insensée qui a tant voulu les malheurs qu'elle regrette, qui pensait radoucir le tigre quand il aurait flairé le sang, et qui fut victime après avoir été dupe.

Sur le bruit de la marche du détachement, tous les habitants des environs de Saint-Cyr avaient pris la fuite, et personne, dans ce trouble, n'eut l'idée d'avertir l'*Innocent*. Le capitaine Gobert, s'étant aperçu plus d'une fois que le bruit du tambour donnait l'éveil aux paysans et laissait les maisons désertes, commanda de marcher en silence en approchant de Saint-Cyr. Au reste, les gens qu'on surprenait, fatigués de cette guerre, donnaient assez volontiers des indications. Ce fut ainsi que le capitaine Gobert apprit la situation précise de l'abbaye, les bruits qui couraient sur ce monument, et l'histoire de Mathurin. Les paysans ne s'expliquaient là-dessus qu'avec une frayeur marquée, pleine de réticences, et pas un ne voulait conduire la troupe. Le capitaine fut séduit par des récits qui tentaient son courage d'esprit fort. De plus, il pensa que ces superstitions, vraies ou feintes, pouvaient servir à protéger dans cet asile mystérieux le général Charette lui-même, ou tout au moins quelques personnages importants du parti. Quant à l'histoire du trésor, elle avait fort alléché les soldats. Ces aubaines n'étaient pas rares dans une guerre où les familles mises en fuite enfouissaient ce qu'elles avaient de plus précieux. Le capitaine Gobert, sans s'arrêter à ces bruits vagues, se promit de visiter les ruines de Saint-Cyr de fond en comble. A force de menaces, un paysan le guida jusqu'à la lisière du bois et lui montra de loin la flèche de l'église. Il était quatre heures de l'après-midi. On s'avança sans bruit homme par homme, et l'on gagna le mur ruiné de l'enclos, qu'on suivit tout du long, de manière à cacher l'approche de la troupe.

Le capitaine et son lieutenant furent touchés de l'aspect imposant de l'église abandonnée au milieu du profond silence qui régnait alentour. Le premier fit arrêter le gros de la compagnie derrière le petit mur sans poser les armes, et, prenant avec lui quelques hommes, il marcha vers l'église, postant de place en place des sentinelles avec l'ordre de faire feu et de se replier à la moindre alarme.

On s'arrêta sur le seuil du portail pour examiner l'intérieur de l'édifice. De grands rayons de soleil pénétrant par les longues ogives éclairaient les murs et le pavé moussu de la nef ; rien de plus désert et de plus tranquille. Le capitaine et ses hommes s'aventurèrent avec précaution, marchant pas à pas le long des murs, fouillant les recoins, tâtant le sol et la maçonnerie de la crosse des fusils. Ils ne virent ni une porte, ni une trappe, ni le moindre indice de gens cachés ; les stalles massives du chœur, soulevées l'une après l'autre, retombaient avec un fracas qui retentissait longtemps sous les voûtes. On fit ensuite le tour de l'église en dehors ; le même silence régnait partout. Le capitaine releva les factionnaires, et s'en revint en disant qu'il n'y avait rien. Au surplus, comme ses hommes étaient fatigués et qu'ils avaient des vivres, il se proposa de les faire camper là jusqu'au lendemain, pour s'assurer qu'il ne paraîtrait rien de nouveau dans les environs.

Tandis qu'ils s'en retournaient, l'un d'entre eux avisa l'entrée d'une espèce de hutte le long du mur, parmi les décombres; d'autres y coururent, ils y trouvèrent un grabat, un crucifix, quelques pots de terre et une robe de moine. Le capitaine, au bruit qu'ils faisaient, se dirigea de ce côté; mais, avant qu'il fût arrivé, ils avaient percé le grabat de leurs baïonnettes, culbuté les meubles, et pris la vaisselle dont ils avaient besoin pour faire la soupe.

— Mon capitaine, dit le caporal, il y a quelqu'un qui demeure ici.

Le capitaine se montra fort peu satisfait de ces dégâts, qui pouvaient effaroucher l'hôte du lieu et nuire aux recherches.

— C'est l'*Innocent*, comme ils l'appellent, dit un soldat.

Chacun se rappela ce qu'on avait entendu dire à ce sujet.

— L'*Innocent !* reprit le caporal en soulevant le froc à la pointe de sa baïonnette ; qu'a-t-il donc besoin de ces nippes? Cet innocent est innocent comme vous et moi, et, si quelqu'un l'attrape, il fera bon l'entendre jaser.

Le capitaine, faisant là-dessus ses réflexions, se

confirma dans son projet de passer la nuit en cet endroit et de mettre la main, s'il était possible, sur l'idiot prétendu. En arrivant, il fit part de ses observations au lieutenant. On forma les faisceaux. Les hommes se mirent en devoir de faire la soupe, tandis que les deux officiers se reposaient à quelques pas de là.

La troupe avait fait halte au pied du mur, tout justement derrière la hutte qu'on venait de saccager et qu'on avait donné l'ordre de surveiller. On avait recommandé de plus aux soldats de ne point faire trop grand bruit ; mais il n'était guère possible, après une longue marche et dans le moment du repas, d'obtenir un silence absolu, en sorte qu'ils causaient entre eux.

— Le capitaine ne mange pas, dit le tambour.

— Non, il est occupé, dit d'un air narquois le chef de la gamelle ; pas vrai, Marseillais ?

— Je suis au courant, dit le Marseillais ; la nation a l'œil ouvert ; s'il se passe de ration pour l'instant, il a trouvé de quoi faire longtemps bouillir sa marmite.

— De quoi donc ! il aurait raflé la tirelire en question ?

— Non, il s'est mouché du pied gauche. Tu es

bien encore obscurci de tes préjugés, toi. Pourquoi donc qu'on nous a plantés le long d'un mur, en manière d'espalier? Je connais ces manœuvres. Qui s'entend, c'est la destruction des droits de l'homme. Ce n'est pas à un vieux singe qu'on apprend des grimaces, et non moins au citoyen clairvoyant de la République une et indivisible. Ça me suffit... Pour lors, quand nous avons marché pour exterminer les brigands de la Vendée, il y avait des villageois accapareurs du salut public, des bourgeois et autres conspirateurs qui cachaient leur magot. C'était la récompense des guerriers de la nation, gradés et non gradés, indistinctement. Mais, par la suite des temps, les chefs ont ressuscité les abus de la tyrannie. Tu entends ; on prend trois, quatre hommes pour la frime, et ceux-là ont part au gâteau ; le reste souffle sur son pouce ; et voilà comme a fait le capitaine, qui est modéré plus que toi z-et moi, et pas infirme pour deux liards.

— Tu as été longtemps dans la Vendée, Marseillais ?

— Si j'y ai z-été ! Tu n'es qu'un enfant. Je devrais t-être au jour d'aujourd'hui à vivre de mes rentes patriotiquement, si j'avais eu de la conduite ; mais c'est ça qui m'a ruiné. Et puis les assignats, les complots des traîtres, une potée de malheurs, quoi !...

Tu vois ma blague à tabac ? c'était plein... pour plus de... Bah! qu'est-ce que je dis ?... mon sac, ma giberne, mes tiges de bottes, tout, quoi ! plein.

— Des grosses pièces de six blancs! interrompit le tambour en roulant ses mots avec un sérieux goguenard.

— On t'en fera cuire, Tape-à-l'Œil ! des vrais louis, avec le portrait du tyran peint à l'œuf. L'brigand ! il le faisait mettre partout, qu'on ne pouvait pas s'en défaire.

— T'en es ben encore venu à bout quoique ça?

— Ah ! bon sang ! va, fallait voir... Nous avons donné un bal aux citoyennes de Saumur, avec des rafraîchissements, tout ce qu'il y a de mieux : une pièce d'eau-de-vie qu'on a mise sur son séant, vrai chien! Elles ne crachaient pas dessus ; des personnes comme il faut, en rubans, et tout... A fallu les reporter chez leurs parents.

— Nous tout de même, reprit le tambour, à la prise du Mans...

— Toi ! t'es t-un mouton, interrompit le Marseillais; tu n'as rien vu. L'plus beau, c'est quand nous avons formé les colonnes infernales sous les ordres du citoyen général Turreau. Nom de nom ! c'étaient là des coups de chien! Nous avons entré chez l'ennemi arme à volonté et militairement, avec la consigne de tout brûler, tout rafler, tout passer au fil de la baïonnette; personne n'avait rien à dire, c'était la loi, quoi! liberté à l'ordre du jour. V'là ce qu'on peut appeler des amusements!

Les soldats regardèrent le Marseillais avec une admiration mêlée d'un certain effroi. L'extérieur de cet homme et ce qu'on savait sur son compte inspiraient une crainte qui le laissait régner en quelque sorte dans la compagnie. On avait d'abord montré de la répugnance à l'admettre; mais, depuis son enrôlement, chacun dissimulait son aversion. Le Marseillais était d'une stature colossale : son énorme tête s'enfonçait dans des épaules larges et rondes. Il était dit dans l'armée qu'il ressemblait à Danton; cela pouvait bien être, et je ne sais qui des deux aurait pu s'en plaindre. Le Marseillais, comme l'abominable septembriseur, avait la face couverte d'une espèce de lèpre et comme sillonnée en tous sens par la flétrissure mystérieuse du crime. Une bouche toujours contractée autour d'une pipe infecte serpentait d'un bout à l'autre de ce hideux visage, où clignotaient deux petits yeux louches qui ne peignaient pas même l'énergie d'un franc scélérat, mais la dépravation bestiale d'un animal. On appelait cet homme le *Marseillais* parce qu'il sortait des bandes marseillaises que les boues de Paris avaient vomies dans les mauvais jours. Il était né, malgré le nom, dans un faubourg de la capitale. Au milieu de l'an 93, il s'était rué sur les provinces de l'Ouest avec les Marseillais qui marchaient sous les ordres du général Santerre. Ces hordes, célèbres par leurs massacres, ayant été souvent battues, dispersées, presque détruites, le peu qui en restait fut disséminé dans les autres corps. Le Marseillais s'était distingué même parmi ces affreux compagnons, et le capitaine Gobert ne l'avait reçu dans sa compagnie qu'à contre-cœur. Le jacobin, qui l'avait su, lui gardait rancune, et, grâce aux désordres qui régnaient alors à l'armée comme ailleurs, il ne s'en cachait guère. Il l'accusait hautement de *modérantisme*, et, toujours en éveil sur son compte, il trouvait moyen d'intimider par ses gloses un homme assez faible, qui était demeuré frappé de ce régime terrible où la plus basse dénonciation menait à l'échafaud. Quant à ses égaux, le Marseillais les dominait non-seulement par l'effronterie de la scélératesse et par sa force musculaire réputée prodigieuse, mais encore par ses déclamations semées d'hyperboles et de pathos révolutionnaires pris dans les clubs et les harangueurs de la borne. Ces fleurs de la rhétorique jacobine lui donnaient aux yeux de ses camarades un air de littérature; il était le politique de la compagnie. On l'appelait le *beau parleur*.

— Les chefs ne disaient donc rien ? reprit le caporal, qui était Breton.

— Les chefs! puisque c'étaient eux qui voulaient ça, uniformément au vœu de la nation. Nous étions pour lors avec le citoyen général Grignon, chaud sans-culotte, celui-là, et qui ne s'endormait pas. On arrivait dans le repaire des brigands ; ils sont tous fermiers dans ces pays-là. Qui s'entend, ils recouvrent leurs infâmes complots du voile de l'agriculture. Les citoyennes demandaient pardon. Bon, tout ce que vous voudrez. Ils donnaient la clef du magot, on rinçait les cachettes, et puis... pfu... it !

Le Marseillais accompagna ce sifflement d'un geste tranchant et sinistre que tout le monde ne put comprendre.

— Et puis ? dit le Breton.

— On les assommait, quoi! Crois-tu pas qu'on usait des cartouches sur des moineaux pareils ? Ah !

les brigands! ils m'ont toujours démanché une crosse, et que j'ai épointé plus de dix baïonnettes sur la couenne des vils conspirateurs. Et puis on brûlait la boutique, les maisons, les champs, les bestiaux. Histoire d'illumination patriotique.

— Les enfants, les femmes, tout de même?

— Les femmes! je m'ai jamais tant amusé. J'en ai fait là de ces caprices! On les attachait par les quatre pattes; des comtesses, des marquises, des ci-devant béguines, excusez du peu! Et puis, à ton tour, paillasse; passées sous le glaive vengeur de la loi. Ah! les gueux d'aristocrates! nous ne les gâtions pas, mais nous avons eu du mal! Il y en avait qui venaient dire comme ça : — Je suis républicain tout comme vous. — Connais pas, escofié! et voilà.

— C'est drôle, dit le caporal avec une certaine timidité; je n'aurais pas pu comme ça de but en blanc m'acharner sur des enfants et du pauvre monde.

— Aussi qu'est-ce que t'es, toi? une frippe d'aristocrate. Nous avions fait nos preuves. Je suis venu dans le pays des brigands avec le citoyen général Santerre, et l'on n'avait pas choisi des manchots pour faire société à ce lapin-là. J'avais travaillé dans les Suisses au 10 août, à la satisfaction des vrais sans-culottes; et pour lors, quand les despotes ont conspiré la mort du peuple dans les prisons, il m'en a passé par les mains ma bonne part. Je n'avais qu'un merlin, mais j'en jouais bien. La massue du peuple, quoi !

Les soldats laissèrent voir un mouvement d'horreur que le Marseillais prit pour une marque de considération. Il reprit, en lâchant une bouffée de tabac :

— Et dans ce temps-là aussi on était mieux payé qu'au jour d'aujourd'hui. Les chefs ne faisaient pas tort au peuple souverain, on était tous *égal* enfin ; mais, voyez-vous, c'est les priviléges qui reviennent, l'hydre de la tyrannie, quoi ! qui relève le bec ; mais...

Il fit entendre un grognement significatif que les auditeurs appliquèrent au capitaine.

— Eh ben, non ! dit un grenadier en se rapprochant, v'là là-bas Gravelot qui revient d'avec eux, et qui dit comme ça qu'ils n'ont rien trouvé dans l'église ni nulle part.

— Allons donc ! reprit brutalement le Marseillais, nous sommes donc venus pour des mirabelles, pas vrai ? Pourquoi donc que les paysans ont dit qu'il y avait un trésor dans le temple de la superstition ?

— Puisque je te dis qu'on ne trouve rien. C'est dans l'autel qu'ils disent; de la pierre, vas-y voir. Si l'on pinçait seulement le bonhomme de la cahute, il n'y a que lui qui sache... mais on ne peut pas mettre la main dessus.

— Tonnerre! s'écria le Marseillais, je le trouverai bien, moi!

— C'est un petit qui est timbré et qui bat la breloque, à ce qu'on dit; il ne voudra peut-être rien dire.

— De quoi? nous connaissons ce genre-là. Qu'on me l'amène, nous lui ferons danser un menuet sur ce gazon-là.

Il montra le feu du bivac, et ajouta :

— J'en ai fait jaser d'autres.

— Tu n'as donc pas entendu ce qu'on dit de lui? reprit le Breton : il est *innocent*, pas vrai? et ces êtres-là, vois-tu, sont cousins du diable. Ça hurle la nuit dans les champs. Qui s'y frotte s'y pique. Je crois à ces choses-là, moi, tant pis!

— Crapaud, va! s'écria le Marseillais; est-il possible que l'infâme superstition se loge sous la cocarde de la République! Mais tu es donc obscurci des ténèbres de la barbarie! C'est bon, j'irai, moi, je deman-

derai la permission d'insinuer une grenade dans la
lanterne magique à reliques, et nous verrons ce qu'elle
a dans l'estomac.

— Dans cette église ? dit le Breton ému.

— Mais apprends donc, marmiton d'eau bénite, que
j'y suis déjà venu, dans ta sacristie que voilà, et que
c'est moi qu'a décroché tous les insignes de la superstition avec la 2e du 1er bataillon marseillais, qui n'était
pas cagot, je m'en vante. Regardes-y voir, v'là-t-il
pas un ménage bien fait? C'est-il vrai que je me bats
l'œil de ta chapelle et des charognes qui sont des-
sous ?

L'ascendant du Marseillais suffisait pour intimider
le Breton, mais cet épouvantable blasphème lui
coupa tout à fait la parole. Il regarda autour de lui
d'un air qui tenait le milieu entre la peur et la honte
de la laisser voir. Il dit enfin plus bas :

— Voyons, ne dis pas cela ici.

Les soldats, en suivant la direction de son regard,
reconnurent comme lui qu'ils étaient dans un cimetière. On voyait, çà et là, des touffes de fenouil et des
débris de croix gisants parmi les herbes. En ce moment on entendit le long du mur comme un bruit de
pierres qui roulent. Plusieurs soldats tressaillirent,

déjà disposés à la crainte par la matière de l'entretien. Ils se retournèrent : on ne vit rien, le factionnaire placé au bout du mur ne bougeait point. Chacun crut devoir montrer de l'assurance en raison de ce trouble involontaire qu'il avait ressenti.

Le Breton, ayant plus à dissimuler qu'un autre, reprit en s'adressant au Marseillais, qui le narguait de son hideux sourire :

— Tu as beau dire, si tu voyais une bonne fois, dans la nuit, quand il fait de l'orage, au milieu des éclairs et du tonnerre, l'*Innocent* danser sur la pointe du clocher et chanter en montrant les dents la chanson de la peste...

Tout à coup le Marseillais pâlit avec une horrible grimace, et le Breton s'arrêta la bouche ouverte, ne jetant qu'un cri.

Une tête, qu'on eût dit coupée, se montra au-dessus du mur, les cheveux épars, les yeux clignotants, et disparut aussitôt avec un rire affreux.

Après le premier moment de stupeur :

— C'est lui, cria de loin le factionnaire, c'est l'*Innocent!* Arrête !

Les grenadiers se levèrent. Le Marseillais saisit son fusil. Quatre ou cinq soldats franchirent le mur. On tira plusieurs coups de feu à cet être qui fuyait et qu'on perdit de vue.

— Il a passé par là ! s'écria le factionnaire en étendant le bras vers l'église.

Un autre ajouta :

— On jurerait qu'il s'est enfoncé dans le mur.

— Bon ! reprit le sergent en heurtant de la crosse la pierre des murs séculaires, dis donc plutôt qu'il s'est aplati là-dessus.

On courut aussitôt à l'église, on en fit le tour, on monta dans les combles, on ne vit personne. Les soldats retournèrent au lieu de la halte ; l'on informa le capitaine de ce qui s'était passé, mais le capitaine ne songeait plus à l'idiot. Il ne fut pas fâché, dans le fond, que ce pauvre diable eût échappé aux baïonnettes.

La nuit tombait ; on releva les factionnaires, les officiers se promenaient en fumant à quelques pas de là ; il faisait un temps magnifique. La lune ronde et brillante éclatait dans un ciel bien étoilé, et ses rayons, se jouant parmi les ruines, ajoutaient à leur mystérieuse beauté. Le lieutenant, invité par ce spectacle, s'achemina vers l'abbaye en rêvant. Il arriva sous le porche, et, après avoir hésité un moment, il entra.

Cependant l'air de la nuit fraîchissait, le capitaine s'approcha du feu que les soldats avaient allumé, et se mit à causer familièrement avec eux en prenant sa part de quelques oignons qu'ils faisaient cuire sous la cendre, tandis que les gourdes d'eau-de-vie voyageaient à la ronde. Tout à coup on vit une ombre s'avancer en courant. C'était un homme marchant à pas précipités, qui vint jusqu'auprès du capitaine, comme il se levait, et lui saisit le bras convulsivement.

— C'est vous, lieutenant ?

— Oui, capitaine, me voici.

— Vous tremblez, vous avez peur ?

— Je ne m'en cache pas.

M. Gobert vit à la clarté de la lune le visage de son lieutenant blanc comme un marbre, et ses cheveux soulevés par le vent, qui semblaient dressés sur sa tête.

— Qu'est-ce donc ? Qu'avez-vous vu ?

— Rien.

— Qu'y a-t-il là-dedans ?

— Rien, vous dis-je, reprit le lieutenant en souriant, c'est un mouvement purement nerveux. Je suis entré dans l'église, je n'ai rien vu, rien entendu ; mais la peur m'a pénétré jusqu'au fond des os.

Il posa sa main glacée sur celle du capitaine et continua :

— Cela ne me prend guère ailleurs, vous le savez mieux que personne, et voilà pourquoi je n'y mets pas de cérémonie.

— Je conçois cela parfaitement, dit le capitaine Gobert.

— Vous comprenez, n'est-ce pas ? dit le lieutenant avec la vivacité de son émotion toute fraîche ; le silence, l'obscurité, les images qu'évoque aussitôt l'imagination, les visions formidables qui passent devant les yeux, les monstres sans forme et sans nom prêts à s'élancer de chaque coin sombre, les dragons ailés qui planent dans la hauteur des voûtes... Ah ! quoi de plus vaste et de plus glacial qu'une église déserte ? C'était là, je me le rappelle, quand j'étais enfant, une de mes grandes terreurs, et je me souviens surtout d'une certaine église de Cordeliers où je l'ai souvent éprouvée. Ces vaisseaux immenses me causaient quelque chose du vertige des gouffres. Les piliers, les voûtes profondes, prenaient des formes et de la vie ; il me semblait que j'étais dans les entrailles de quelque bête gigantesque. J'étais oppressé, écrasé, abîmé, et je m'enfuyais tout haletant hors de l'édifice. C'est précisément cette impression de mon enfance qui m'est revenue tout à l'heure, mais avec des circonstances aggravantes, c'est-à-dire la nuit, dans un pays désert, et, l'on peut dire encore, un pays ennemi.

— Et puis, sans doute, ce qui s'explique moins bien et ce qui n'est pas moins vrai, dit le capitaine, qui avait pris une attitude de réflexion, l'émotion religieuse, le respect involontaire dont ne peut se défendre un homme fait, et moi tout le premier, dans un de ces vieux édifices autrefois voués au culte...

— Eh bien, cela est vrai, s'écria le lieutenant, j'éprouvais aussi tout à l'heure quelque chose de ce que vous dites là. Je ne sais quelles idées de sacrilége m'ont traversé l'esprit, quels spectres indignés se sont levés dans l'ombre. Et pourtant je ne suis pas suspect de superstition. Je sais à quoi m'en tenir sur les mensonges de tout genre qu'ont fait régner les prêtres pour asservir le peuple.

— J'en suis au même point, dit à son tour le capitaine, je ne suis, certes, pas dévot...

Il se mit à rire.

... Ni porté aux jongleries religieuses; mais je ne serais pas à l'abri d'un sentiment de cette espèce. Tenez, quand les circonstances l'auraient permis, je n'aurais pas souffert que la compagnie passât la nuit à couvert dans cette église : et de même, quoi que j'aie vu faire en ce genre dans les guerres de ce pays, il serait impossible, par exemple, de m'arracher une bravade contre les pierres inertes qu'ils appellent un autel.

— En sorte, reprit le lieutenant avec un sourire, que vous n'iriez pas, comme don Juan, narguer cette longue figure blanche qu'on voit là-bas, et qui me rappelait tout à l'heure la statue du commandeur.

— Non, certes, ni vous.

— Ni moi.

— Ni bien d'autres, même parmi ceux qui se vantent d'être esprits forts.

Le lieutenant reprit un peu après :

— Savez-vous bien que cela est pourtant singulier?

— D'abord, une bravade, dit le capitaine, est inutile. C'est puéril.

— C'est clair; mais le cas étant donné ? Nous n'en sommes point sur la bravade, mais sur cette répugnance qui s'y refuserait, et qui recule devant la seule supposition. D'où vient cette répugnance, ce respect, cette crainte? Par quelle puissance occulte cet autel se défend-il tout seul? Car il se défend, soyez-en sûr; il vous brave, il vous défie, il se dresse fièrement devant vous et ne veut vous voir qu'à genoux. Ne semble-t-il pas qu'il est gros de foudres? Quelle est la raison de cette assurance inexplicable? Cherchez-la bien avant dans le cœur de l'homme; il y a là de quoi réfléchir. Pourquoi cette image de force adorable et invincible si profondément empreinte dans la cervelle humaine?

Comme il arrive chaque fois qu'une difficulté de ce genre s'élève dans une conversation, le capitaine, cherchant aussitôt une explication quelconque en manière de réponse, dit enfin :

— Il faut qu'on nous ait imprimé ces superstitions dans cette cervelle encore tendre, quand nous étions enfants.

— Prenez garde, dit le lieutenant, on nous a passablement rempli l'esprit, dans notre enfance, de fées et de mauvais génies. Pour ma part, on m'a plus entretenu de Croquemitaine que des choses de la religion, et mon esprit en est demeuré plus frappé. Mais je ne vois pas qu'aucun de nous garde trace de ces impressions. Il y a mieux, nous ne croyons pas plus, vous et moi, aux mystères du christianisme qu'aux féeries. Pourquoi cette crainte vague plutôt sur ceci que sur cela? En un mot, nous braverions tous deux Croquemitaine au cœur de ce bois, et nous n'irions, dites-vous, ni l'un ni l'autre fanfaronner dans cette église.

— Non, certes, dit le capitaine.

— Encore une fois, pourquoi? Vous êtes-vous jamais arrêté à ces sortes de questions? il y a de quoi s'exercer ; s'il faut que je le dise, la philosophie moderne, avec ses solutions impérieuses et précipitées, nous a ôté l'habitude de réfléchir; mais elle n'a point changé la nature humaine, et je ne désespère point que l'homme ne retrouve un jour la raison de bien des croyances aveuglément condamnées.

Le lieutenant allait trop loin pour le capitaine, qui se contenta de faire plusieurs signes de tête affirmatifs comme en agissent les bonnes gens de sa trempe quand ils viennent à comprendre vaguement quelque raison solide dont ils ne veulent point s'embarrasser dans leur paisible état de doute et d'indifférence.

Tandis que les officiers s'entretenaient ainsi, sans y prendre garde, les soldats écoutaient en silence, intéressés par cette conversation, dont ils saisissaient à peu près le sens. Le Breton, par ses mines d'approbation, semblait en tirer des arguments contre les précédentes hâbleries du Marseillais. Le soldat de Santerre, accroupi près de là, accoudé sur son sac, supportait cet entretien avec une impatience visible. Sa lèvre grimaçait en tourmentant le tuyau de sa pipe avec une expression de brutalité dédaigneuse; et sa hideuse physionomie, hérissée de cheveux longs et souillés, éclairée de bas en haut par les reflets ardents du foyer, avait pris je ne sais quelle apparence infernale.

Quand le lieutenant eut fini de parler, le Marseillais ôta d'une main la pipe de sa bouche, et, prenant la parole avec cette insolente familiarité que les bandes populaires avaient portée dans les camps :

— Sans vous commander, citoyen capitaine, je n'ai peut-être pas vos moyens, mais, à ce que je vois, vous avez comme qui dirait des faiblesses d'estomac pour ce qui est des impostures de la calotte. Chacun son idée. Vous disiez que tout un chacun est sujet à ces infirmités, comme voilà le Breton, que je lui débarbouillerai la conscience dans le premier bénitier. Pour lors, je serais flatté de montrer à ce tas de merluches comment se conduit le vrai soldat de la nation dans la boutique des superstitions.

Le capitaine le regarda en souriant, et le lieutenant, qui connaissait le Marseillais de longue main, lui lança de travers un coup d'œil où se peignait son profond dégoût. Le Marseillais reprit en étendant les bras vers l'église :

— Consécutivement, il y a là-bas dans sa niche un ancien qui a fait tirer son portrait en pierre de taille, crainte de s'enrhumer. C'est un suspect qui a servi les tyrans et qui conspire contre l'égalité, vu qu'il a six pieds et qu'il ne partage pas les opinions des vrais sans-culottes. J'en parle avantageusement; c'est une vieille connaissance à moi, et, depuis que je suis ici, les mains me démangent de lui chatouiller la plante des pieds pour la chose qu'il garde son sérieux trop longtemps.

Les soldats se mirent à rire, tandis que les yeux du lieutenant demeuraient fixés dans l'ombre sur le Marseillais, lequel continua d'un certain air malin et insinuant :

— D'autant plus, citoyen capitaine, qu'il est parvenu aux oreilles de la compagnie que le bonhomme de plâtre se chauffe les pieds sur une tirelire, comme un vrai accapareur qu'il est de la nourriture du peuple. Donc, pour lors, avec votre permission, capitaine, je lui poserais un pétard en guise d'emplâtre sur ses durillons, à cette fin de lui voir faire la cabriole patriotiquement, en partant du pied gauche.

Ces paroles firent sensation parmi les militaires ; le Breton poussa une sorte de gémissement, et ne put s'empêcher de dire :

— Oh! Marseillais, tu ne feras pas ça!

— De quoi! beugla le Marseillais en se redressant ; qu'est-ce qui est dans le cas de m'empêcher, du moment que le capitaine y prête son libre arbitre ? C'est donc que tu me défies, soldat de papier ?

— Oui, reprit le Breton piqué, je te défie.

— Capitaine, vous permettez, pas vrai?... que j'y remontre son catéchisme à ce ponantais de malheur! Ça va-t-il? J'aurai part à la trouvaille, et lui pas... Me joues-tu ta part, ponantais ?

— Oui, dit le Breton.

— Capitaine, reprit le Marseillais, vous voulez bien?

Le capitaine, qui n'avait cessé de sourire durant ce débat, pénétra le soupçon qu'avaient pu concevoir les soldats à propos du trésor, dont il se souvint. Il répondit au Marseillais :

— Ça te regarde, mon garçon ; je ne m'y oppose pas.

— Ça y est! s'écria le Marseillais triomphant. Sergent, tu vas me délivrer un projectile... *Bon* pour la démolition d'un aristocrate en peinture... Et ceux de la société qui sont curieux pourront voir pousser cette graine-là sous ses ergots.

Il se leva. Dès que l'action fut ainsi résolue, une certaine stupeur se répandit dans la compagnie : on fit silence. Les détachements républicains, accoutumés dans cette guerre à dévaster des habitations, ne marchaient guère sans approvisionnements de pièces d'artifice.

Le sergent fouilla dans les bagages, et remit une grenade au Marseillais.

— Bon ! s'écria cet homme en se levant et tâchant d'entretenir à froid son imbécile empressement; à moi les vrais jacobins ! qui m'aime me suive !

Mais le silence glacial de la troupe le refroidit un peu lui-même sur la bonne grâce de son entreprise.

Les soldats marchèrent à sa suite en désordre; le capitaine lui-même et le lieutenant les suivirent de loin à pas lents. Toutes ces ombres couraient pêle-mêle, s'allongeant au clair de la lune sur le gazon, le Marseillais en tête, s'avançant d'un pas résolu. Le caractère étrange de cette scène, en ce lieu, à cette heure, ne manqua point de produire sur tous les esprits son effet sinistre et irrésistible. On marchait toujours en silence, sinon que les hommes qui entouraient le Marseillais ne purent enfin retenir sur son défi des plaisanteries soldatesques qui lui rendirent toute son impudence. Il répondit par des blasphèmes effroyables, sur le même ton qu'auparavant.

On arriva devant le porche ténébreux, qui dut paraître à des imaginations effrayées un gouffre prêt à dévorer sa victime. Le Marseillais se retourna d'un air grandiose :

— Êtes-vous tous là ?

Les derniers s'empressèrent d'accourir.

—. Sergent, prête-moi ton briquet pour allumer ma mèche là-bas.

Un oiseau de nuit, effarouché, s'envola d'un creux des sculptures du porche, en poussant un long cri funèbre.

— Marseillais, n'entre pas ! s'écria le Breton d'une voix troublée.

— Pleure pas, ponantais, j'te vas rapporter du pain bénit ; attends-moi là... Y êtes-vous ? Hardi, la Tulipe ! en avant !

Il s'enfonça résolûment dans les ténèbres, où bientôt on le perdit de vue. On apercevait pourtant de certaines clartés en plongeant les regards dans les profondeurs de l'église. Un rayon de lune glissant à travers une ogive du chœur, tombait justement en plein sur la statue de saint George, qui se détachait ainsi toute blanche au milieu des ténèbres, et qui semblait éclairée d'une lumière surnaturelle ; mais l'obscurité de la nef était épaisse : le Marseillais lui-même fut obligé de ralentir son pas ; et le fer de ses talons, résonnant lentement sur les dalles sépulcrales, éveillait des échos sinistres qui roulaient en grondant sous les voûtes. Il semblait, dans le vénérable édifice, que les pierres mêmes prissent une voix contre l'audacieux sacrilége.

Le Marseillais eut peur. Quand il s'approcha du chœur, on le distingua de nouveau marchant lentement ; mais il parut alors aux soldats effarés que ce n'était plus déjà que son ombre.

Il monta l'un après l'autre les degrés de marbre du sanctuaire.

On le vit ensuite s'arrêter au pied de l'autel. Il était alors en partie éclairé par le rayon de lune, et sans doute il s'apprêtait à mettre le feu à sa pièce d'artifice. On vit poindre une étincelle ; le Marseillais étendit le bras ; mais tout à coup des rayons jaillirent de toutes parts, des gerbes de feu éclatèrent avec une explosion terrible. Le sanctuaire parut tout en flammes, et parmi ces éclairs éblouissants on vit, ô prodige! ô épouvante! la formidable statue grandir, grandir, chanceler sur sa base, et se précipiter sur le profanateur avec un nouveau fracas qui ébranla les fondements de l'édifice. Le tout fut plus prompt que la foudre, et parmi ces bruits épouvantables on put encore ouïr un rire criard qui semblait partir de l'enfer.

Après quoi tout rentra dans le silence et les ténèbres.

La plupart des soldats avaient pris la fuite, plusieurs tombèrent la face contre terre. Les officiers, le sergent, entrèrent, suivis de quelques autres. Ils se heurtèrent dans l'ombre aux débris de la statue sans découvrir rien de plus. Ils sortirent glacés d'horreur.

Le lendemain, on fit de nouvelles recherches dans l'église, et l'on trouva le soldat écrasé tout du long par la masse de granit qui était tombée sur lui, pied contre pied. La barbe de pierre du Saint-George lui avait enfoncé la poitrine; la cervelle avait jailli hors du crâne, et le hideux visage du Marseillais pendait en se détournant sur le pavé, comme pour fuir la rencontre de son formidable vainqueur. Quant à la statue, elle s'était brisée. Aucun homme de la compagnie ne voulut travailler à donner la sépulture au cadavre, qu'il eût fallu dégager, et qui demeura sur cette place.

Et la compagnie du capitaine Gobert quitta le matin même l'abbaye de Saint-Cyr, dit en finissant notre ami Lucien, qui nous contait l'autre soir cette anecdote. Les femmes, qui depuis cinq minutes retenaient des exclamations d'épouvante, poussèrent un soupir de satisfaction.

— Ah ! Dieu soit loué ! il n'y eut que ce maraud de Marseillais de châtié.

— Et voilà mon conte fini, dit Lucien en étudiant les visages.

— Et vous aviez raison, dit Raymond le raisonneur ; cette légende est trop vieille ou trop jeune, à votre guise, de trois cents ans.

— Comment ! est-ce que cela n'est pas vrai ? dit madame S...

— Parfaitement vrai, madame, reprit Lucien.

— Ah ! vous affirmez le fait ? dit Raymond.

— De tout mon cœur, dit Lucien.

— Ah ! diable ! c'est autre chose.

Raymond, revenant alors au sujet de la conversation, qui avait roulé sur les miracles, à propos de quoi Lucien avait dit son conte :

— En sorte que, selon vous, cela frise le... le miracle.

— Avec votre permission.

— Fort bien ; en effet, tout y est : le profanateur qui blasphème, le sacrilége, l'outrage au lieu saint, la punition exemplaire et surnaturelle... sans doute.

Raymond avait la mine de réfléchir et de peser les divers incidents. Cette anecdote était une sorte de défi jeté aux opinions qu'il avait précédemment développées sur la matière. Il avait donc quelque intérêt à résoudre la difficulté.

— Ma première raison, en cette occasion comme en d'autres, dit-il enfin, est que je ne crois pas un mot de l'histoire, et qu'à moins de tenir le fait d'un témoin oculaire et digne de foi...

— Général, dit Lucien, ceci vous regarde.

Ses yeux se tournèrent vers le général Geoffroy, et chacun de sourire. Raymond suivit les regards et vit un beau vieillard à cheveux blancs, décoré de plusieurs ordres, qui souriait aussi et qui dit :

— Oui, monsieur, j'y étais, je l'ai vu... M. Lucien a raison.

— Le général Geoffroy, reprit Lucien, était alors le lieutenant du capitaine Gobert.

Raymond demeura interdit de ce témoignage, que l'honorable carrière du général et la haute estime dont il jouissait rendaient pressant : il n'avait jamais vu le vénérable militaire, mais il avait mille fois entendu parler de lui, et je ne sais comment il n'avait point remarqué son nom dans le récit.

— Eh bien, général, reprit-il enfin, est-ce que cela s'est bien passé comme on dit ?

— Exactement, dit le général, sinon que l'horreur et les effets de ce spectacle furent beaucoup plus grands qu'on ne peut dire. J'étais plus près que personne. J'avais fait un pas ou deux dans l'église, et j'ai tout vu distinctement.

— Hum ! fit Raymond en penchant la tête d'un air méditatif. Nous ôterons bien d'abord les gerbes lumineuses et ces espèces de feux du Bengale qui éclairent la catastrophe. Sûrement la grenade que ce malheureux avait dans les mains...

— Rien de plus juste. La grenade... c'était plutôt une espèce de pétard mal fait par des gens qui n'y entendaient rien. Vous savez comme tout allait alors dans les mains des munitionnaires... Ce paquet de poudre prit sans doute feu trop vite. Ses effets ne sont point douteux, mais il est certain qu'il éclata fort à propos pour ajouter au terrible merveilleux de cette scène.

— Ah! dit Raymond, reste donc la statue qui se meut d'elle-même et qui se précipite de sa base sur le blasphémateur. Je n'en vois pas la cause naturelle, mais elle existe, elle doit exister; il y en a plusieurs sans doute : la vétusté, l'ébranlement causé par la détonation, une base minée qui n'attendait que le moindre choc. A quoi voulez-vous que je m'arrête? Le hasard enfin, j'en reviens là.

— Le hasard! s'écria Lucien, ah! permettez-moi de vous dire pour celui-là qu'il est bien étrange. Quoi! cette gageure impie entre les soldats, ce scélérat qui trois ans auparavant a profané cet autel, et qui se charge lui-même du nouveau sacrilége; cette statue, minée si l'on veut, qui choisit son heure et sa victime, ces feux qui jaillissent au même moment, ce concours parfait de circonstances si parfaitement accommodées, vous admettez que le hasard...

— J'admets tout, plutôt qu'un ressort en dehors de la nature. Il y a mille causes naturelles qui nous sont cachées et qu'il faudrait atteindre.

18

— Eh! sans doute, dit le général en souriant toujours, et en voici quelques-unes qui vous tireront d'embarras. Je ne quittai pas le lieu de cet événement sans les avoir trouvées. Ce jeune homme dont on vous a parlé, cet idiot, s'était réfugié dans l'église par une ouverture qu'il connaissait. Il s'était caché dans une espèce de degré pratiqué derrière le maître-autel pour ranger les ornements et allumer les cires; il y demeura blotti jusqu'à la nuit derrière la statue du saint, dont il pouvait embrasser la base. Ce fut lui qui, travaillant d'un levier sur le socle usé, l'ébranla à deux ou trois reprises, lui fit perdre l'équilibre et la fit tomber sur notre Marseillais. Cet enfant s'en vantait les jours suivants à qui voulait l'entendre.

— Ah! s'écria Raymond triomphant, je savais bien. Voilà ma cause naturelle, et voilà de mes miracles!

— Eh! quoi donc, monsieur, reprit le général, cela vous paraît-il moins étonnant?

— Mais il me semble que, si le miracle s'explique...

— Eh! monsieur, cela est-il moins prodigieux, et vos explications vous rendent-elles la chose si claire? Quoi! ne voyez-vous là que des arrangements ordinaires et de simples jeux du hasard? Prenez la peine d'y réfléchir. Quittons le mot miracle, s'il vous fait peur; ne sentez-vous pas aussi bien le doigt de la Providence derrière tous ces ressorts? Je ne prétends point que tous les *miracles* s'accomplissent par des moyens surnaturels. Dieu, sans doute, est assez puissant pour n'avoir pas toujours besoin de renverser les lois qu'il a établies; ou du moins celles qu'il nous a permis de connaître. Un homme, je suppose, a perdu l'usage d'un membre, les nerfs se sont retirés : les médecins n'y savent que faire, l'homme va périr : on fait prier pour lui; les nerfs se détendent, le malade est guéri, rien de plus naturel. Mais pourquoi? mais comment? quelle autre cause eût agi sur ces nerfs? A qui s'en prendre et qui remercier, Dieu ou les médecins?

— N'importe, dit Raymond pensif et secouant la tête, tant que je n'ai point de preuves manifestes, ma raison se refuse...

— En sorte, selon vous, qu'un miracle évident et indubitable doit entraîner les convictions à coup sûr?

— Ah! certes, sans aucun doute! s'écria Raymond.

— C'est une erreur, dit le général en adoucissant par un soupir ce que le mot avait de tranchant. Il y a des paysans qui croient à certains prodiges, vrais ou faux, autant qu'ils sont capables de croire; il y en a qui les ont vus : ils n'en vivent pas mieux. M. Gobert, mon ancien capitaine, à présent négociant à Nantes, fut le témoin le plus convaincu du miracle de l'abbaye ; il y croit fermement et l'assure en toute occasion. Eh bien, monsieur, il passe son temps, comme si de rien n'était, dans le même état de doute et d'indifférence qu'on vous l'a peint dans ce récit. Je l'ai rencontré depuis. Il déclame dans l'occasion contre le parti prêtre. Il est marié, il a des enfants, mais il fait des folies, tout vieux qu'il est, pour la première danseuse du théâtre. Hélas! monsieur, que parlons-nous de preuves, de témoignages, de miracles! il s'en fait tous les jours. Et l'on demandera peut-être pourquoi l'on voit tant d'incrédules et tant d'ennemis de la religion, si elle est prouvée à la fois par la raison et par l'autorité. La réponse est facile ; il y a longtemps qu'on l'a dit : S'il résultait quelque obligation morale de la proposition géométrique que *les trois angles d'un triangle sont égaux à deux angles droits*, ou de cette autre non moins évidente que *deux et deux font quatre*, ces propositions seraient combattues et leur certitude mise en problème.

Et la conversation changea de sujet.

Raymond venait de marcher, comme on dit, sur un

aspic. Il regarda le général d'un air stupéfait et craintif ;
et, s'informant tout bas, il fit cette découverte déplorable que le général, depuis plus de quarante ans qu'il était au service, après de longues études et de mûres réflexions, sous l'éclatante réputation militaire dont il jouissait, sans affectation toutefois, et sans se cacher plus qu'il ne convenait, n'était qu'un *dévot!*

FIN

TABLE

Introduction.. 1

Le Marquis de la Charnaye. 51

Hector de Locmaria. 179

La Commission militaire. 241

La Statue de saint George. 269

CLICHY. — Imp. M. Loignon, Paul Dupont et Cie,
rue du Bac-d'Asnières, 12.

www.ingramcontent.com/pod-product-compliance
Lightning Source LLC
Chambersburg PA
CBHW071244160426
43196CB00009B/1160